Führen mit Visionen

Matthias zur Bonsen

Führen mit Visionen

Der Weg zum ganzheitlichen Management

Meinen Eltern
Rudolf und Doris zur Bonsen
gewidmet

Inhalt

Vorwort 9

1 Unsere persönliche Vision 11
    Eine Vision von Größe 13
    Bleibt eine Vision immer gleich? 16
    Die Reise ins Zentrum: Wie können wir unsere Vision
    entdecken? 18
    Die Vision mit Energie aufladen 20
    Was bewirkt die Vision für uns? 22

2 Energie in uns und im Unternehmen 23
    Vision und Realität – die kreative Spannung 23
    Die eigene Energie entwickeln 26
    Die Energie des Unternehmens 29
    Die Lebensenergie des Unternehmens entfalten 32

3 Die Vision von Führern 34
    Transformierende Führung 35
    Ein Anliegen haben 36
    Ein wert-volles Unternehmen schaffen 40
    Menschen weiterbringen 43
    Darüber reden, wofür man steht 45

4 Visionen im Unternehmen 46
    Was bewirkt die Vision für die Mitarbeiter? 49
    Was ist eine Unternehmensvision? 51
    Visionsmetaphern 57
    Vision im Vergleich zur Strategie 59
    Vision im Vergleich zu Leitbildern 62

5	**Das visionäre Führungsteam**	64
	Das Team als Organismus	65
	Wie kann ein Team zu einem Organismus werden?	68
6	**Die Vision im Team ent-wickeln**	71
	Die Untersuchung der Realität	73
	Die vorbereitenden Schritte	76
	Die Vision entwickeln	79
	Was bedeutet die Vision für das Team?	80
	Was soll in drei Jahren realisiert sein?	81
	Blockaden beseitigen	83
	Zu guter Letzt: Das Handeln planen	85
7	**Dialog oder Zen in der Kunst des Managementmeetings**	86
	Diskussion	87
	Dialog	89
	Meinungen und Annahmen außer Kraft setzen	91
	Den Hintergrund untersuchen	93
	Gleichheit	94
	Der Nutzen des Dialogs	95
	Die Entfaltung des Gruppengeistes	96
8	**Die Vision vermitteln**	98
	Regel 1: Nichts vorschreiben – Freiheit lassen!	100
	Regel 2: Den Traum einfach beschreiben!	101
	Regel 3: Bilder, Bilder und nochmals Bilder verwenden!	102
	Regel 4: Emotionale Begriffe verwenden!	104
	Regel 5: Auch die Gegenwart darstellen! Dramatisieren!	105
	Regel 6: An die Geschichte anknüpfen!	106
	Regel 7: Skepsis verordnen!	107
	Regel 8: Auf den langen Weg hinweisen!	107
	Regel 9: Mit einem Appell enden!	108
	Typische Fehler	108

INHALT

9 Die Zukunftskonferenz 110
  Das ganze System in einem Raum 111
  Konzentration auf die Zukunft statt auf Probleme 114
  Mit einem Rückblick beginnen 116
  Den ganzen Elefanten erkennen 117
  Die Zukunft inszenieren 119
  Materielle und immaterielle Ergebnisse 121
  Themen für Zukunftskonferenzen 122
  Künftige Entwicklungen 123

**10 Erfahrungen aus dem Visionsprozess
    eines Aluminiumwerks** 125
  Die erste Visionskonferenz 127
  Die „Garten-Seminare" 130
  Visionsentwicklung in Geschäftseinheiten
  und Ressorts 131
  Die Formulierung der KF-Vision 132
  Die Umsetzung der Vision 132
  Ergebnisse 133
  Erkenntnisse 134

11 Offene und verdeckte Strukturen 135
  Offene, materielle Strukturen 136
  Verdeckte, immaterielle Strukturen 139
  Jede Norm hat eine Ursache 140
  Normen verändern 142

Epilog: Es geht um mehr! 144

Literaturverzeichnis 148

Register 152

Der Autor 157

Vorwort

In jedem Menschen, jedem Führungsteam und jedem Unternehmen gibt es eine Glut unter der Asche. Diese Glut ist der sehnliche Wunsch, eine erträumte Zukunft zu erschaffen, Teil eines größeren Ganzen und erfolgreich zu sein. Diese Glut ist unsere Vision, unsere Lebensenergie und unser Glaube daran, diese Vision verwirklichen zu können. Kurz: Die Glut ist unsere visionäre Kraft, die letzte und tiefste Ursache unseres Erfolgs. Diese Kraft ist immer da. Wir haben Visionen, wir haben Energie und wir haben Glauben. Und zwar genug, um die Wirklichkeit zu kreieren, die wir uns wünschen, selbst wenn uns die Lage im Moment vielleicht ausweglos erscheint. Das gilt nicht nur für uns als Individuen, sondern auch für Führungsteams und Unternehmen. Doch über der Glut liegt eben die Asche, mal mehr, mal weniger, doch meistens ganz schön dick.

Diese Asche hat zur Folge, dass unsere Wirtschaft sich lange nicht so dynamisch nach vorne entwickelt, wie sie es eigentlich könnte. Zahllose Unternehmen stagnieren oder schrumpfen, die Wirtschaft als Ganzes bewegt sich träge nach oben und baut dabei Arbeitsplätze ab. Viele Topmanagementteams werden gelähmt durch auseinander driftende Ziele und innere Konflikte. Und in den Unternehmen, in denen die Führungsspitze Kraft hat, ist das Unternehmen in seiner Gesamtheit dennoch oft energielos. Seine Mitarbeiter arbeiten nicht kraftvoll auf einen gemeinsamen Traum hin.

Dieses Buch handelt davon, wie wir die Asche beseitigen und die visionäre Kraft wieder freilegen können – bei uns selbst, in unserem Team und in unserer Organisation. Es will zeigen, was es heißt, mit Visionen zu führen. Dabei handelt es sich um eine noch junge „Disziplin". Denn bis zur Mitte der Achtzigerjahre hat bei uns kaum jemand das Wort „*Vision*" gebraucht. Dem Begriff haftete damals das Odium des Irrealen und Traumtänzerischen an. Doch das änderte sich dann langsam (sicher nicht bei allen) und heute reden wir immer mehr von Visionen, sei es in der Wirtschaft, in der Werbung oder in der Politik.

Doch Reden über Visionen ist das eine und Tun das andere. Und wir tun bislang im Wesentlichen dasselbe wie vorher. Wir haben unser Handeln bloß mit

FÜHREN MIT VISIONEN

einem modischen Etikett versehen. Was früher Leitbilder waren, wird heute um ein paar langfristige Ziele à la „Die Nummer 1 im xy-Markt werden" ergänzt, als Vision bezeichnet, auf Hochglanzpapier gedruckt und im Unternehmen bekannt gemacht. Dann wundern wir uns, dass das echte Vertrauen in die Vision nicht entsteht, der Energieschub ausbleibt und die Vision nicht erreicht wird.

Mit diesem Buch möchte ich Wege aufzeigen, wie man mit Visionen führen kann. Ich möchte darstellen, was ganz konkret getan werden kann, um eine Vision in sich, in einem Führungsteam und in den Mitarbeitern lebendig werden zu lassen. Und obwohl Vision kein Werkzeug ist, das man im herkömmlichen Sinne benutzt, gibt es in diesem Zusammenhang wirkungsvolle und bewährte Werkzeuge und Vorgehensweisen. Lassen Sie sich überraschen!

Visionen werden zuweilen als Luxus für Schönwetterzeiten gesehen, doch in der Tat ist es eines der drängendsten Themen überhaupt. Denn unsere Unternehmen werden nicht einfach dadurch zu neuer Vitalität finden, dass sie jedes Jahr eine neue Modewelle von der anderen Seite des Atlantiks oder Pazifiks übernehmen. In einem Jahr „Leanmanagement", im nächsten „Re-engineering" und im darauf folgenden wieder etwas anderes. Viel wichtiger ist aus meiner Sicht, dass wir uns auf die tiefer liegenden Ursachen des Erfolgs besinnen: Vision, Glaube und Energie. Und dass wir vor allem in unseren Führungsteams diese drei Dinge, die zusammen die *visionäre Kraft* ausmachen, entwickeln. Dann werden wir eigene Wege erfinden, die uns unweigerlich zur Erfüllung unserer Träume und zu einer dynamischen Entwicklung führen werden. Visionen sind daher nicht eine Modewelle unter vielen, die nach zwei Jahren wieder abebbt. Vision ist die permanent vorhandene Glut, die wir dringend freilegen müssen.

Ich danke meinen Kunden, die mir geholfen haben zu lernen. Ich danke meinen Beraterkollegen für viele Anregungen. Und ich danke vor allem meiner Frau Gabriele für ihre Geduld, Liebe und Unterstützung.

Ihnen, lieber Leser, wünsche ich viel Freude bei der Lektüre. Und vor allem wünsche ich Ihnen, dass dieses Buch Ihnen dabei hilft, Ihre eigene Vision zu verwirklichen.

Matthias zur Bonsen

KAPITEL 1

Unsere persönliche Vision

> „Wenn einer vertrauensvoll in die Richtung seiner Träume weitergeht und sich bemüht, das Leben zu führen, das er sich erträumt hat, wird er auf Erfolge stoßen, die er in gewöhnlichen Stunden nicht erwartet hätte."
>
> *Henry David Thoreau*

Wir alle haben eine Vision, unsere eigene und einzigartige Vision. Wir mögen sie kennen oder nicht oder nur zum Teil kennen. Sie mag eine starke Kraft in uns sein, die nicht mehr aufzuhalten ist, oder nur ein schwacher Impuls, der erst wachsen muss. Doch die Vision *ist da*. Sie ist unsere Lebensaufgabe, unsere Bestimmung. Sie ruht wie eine Larve in uns. Unsere Aufgabe ist es, diese Vision zu entdecken und in uns lebendig werden zu lassen. Dann flattert sie als Schmetterling in unseren Herzen herum. Wir haben den Schmetterling und den Garten, in dem er umherfliegt, zuerst schwach, dann immer stärker vor Augen. Schließlich werden wir selbst zum Schmetterling, und der Garten manifestiert sich als die äußeren Ergebnisse und Erfolge, die wir verwirklichen wollten.

Unsere Vision ist unser inneres Bild von der Zukunft, die wir erschaffen wollen. Das wichtigste Wort in diesem Satz ist „wollen". Denn eine Vision ist nicht einfach eine Idee, sondern ein sehnlicher Wunsch, eine Kraft in uns, eine Hoffnung und eine Verpflichtung zugleich. Unsere Vision ist ein Traum, aber nicht irgendein müßiger Traum à la „Es wäre doch schön, wenn ich nur noch am Strand unter Palmen liegen könnte". „In Träumen beginnt die Verantwortung",

FÜHREN MIT VISIONEN

schrieb William Butler Yeats und so müssen wir uns prüfen, was wir wirklich wollen. Dann entdecken wir schnell, dass „am Strand liegen" nicht unsere wahre Bestimmung ist und wenig Chancen für Abenteuer und Lernen bietet. Die Vorstellung von Sonne und Wärme ist zwar angenehm, aber sie mobilisiert keine starke Sehnsucht in uns. Es geht darum, zu entdecken, welche Wünsche *wirklich* in uns sind, was wir also ernsthaft und dauerhaft wollen. Und das ist auch das, was wir sollen. Denn wir sollen etwas in diesem Leben, nämlich unsere Vision entdecken und verwirklichen.

Unsere Vision ist immer etwas Wertvolles und etwas, dessen Erfüllung uns zutiefst befriedigt. Sie ist unser persönliches Paradies auf Erden, aber das heißt nicht, dass sie nur Annehmlichkeiten birgt. Es sind Herausforderungen, Verpflichtungen und Opfer mit ihr verbunden. Wir werden an Grenzen geführt, die wir überwinden müssen. Wir wählen einen Weg und das bedeutet, dass wir den anderen Weg nicht mehr gehen können. Wer eine Familie gründet oder ein Unternehmen aufbaut, hat weniger Freizeit. Wer als Tramp durch die Welt reist, hat kein großes Einkommen. Wer ein Vermögen aufbaut, muss sich darum kümmern. In sehr seltenen Fällen führt unsere Vision uns sogar in einen frühen Tod. Und obwohl wir ihn ahnen, schlagen wir diesen Weg ein. John F. Kennedy ahnte seinen Tod, sein Lieblingsgedicht handelte davon. Dietrich Bonhoeffer wurde aufgrund seines Einsatzes für die Bekennende Kirche, die sich früh gegen Hitler stellte, bereits Ende der Dreißigerjahre von der Gestapo verfolgt. Er konnte im Jahr 1939 einen kurzen Urlaub in New York machen und bekam dort sogar eine Anstellung angeboten – die Rettung für ihn. Doch Bonhoeffer lehnte ab und kehrte nach Deutschland zurück. Er wollte weiter im Widerstand arbeiten und am Kampf gegen das Nazi-Regime mitwirken. Das war seine Vision. Seinen Auftrag hatte er am 9. April 1945 endgültig erfüllt – im KZ Flossenbürg.

Als Menschen sind wir visionserfüllende Wesen. Wir sollen und können unsere Vision realisieren, auch wenn wir uns die Aufgabe zunächst nicht zutrauen oder sie uns kaum machbar erscheint. Vielleicht meinen wir, dass wir die Fähigkeiten dazu nicht haben. Doch Goethe sagt uns: „Wünsche sind Vorgefühle der Fähigkeiten, die in uns liegen, Vorboten desjenigen, was wir zu leisten imstande sein werden." Wünsche sind in uns nicht hineingelegt worden, damit wir sie dort verkümmern lassen. Sie sind da, damit wir sie entdecken, die echten von den eingebildeten trennen, zu den echten stehen, sie mit Energie aufladen und verwirklichen. Am Anfang sind sie vielleicht nur als schwächliche Larven in uns. Wenn wir sie in diesem Zustand belassen würden, wäre da immer das Gefühl, etwas Wichtiges versäumt und unser Potenzial nicht erreicht zu haben.

Es ist wichtig zu wissen, dass wir das realisieren können, was wir uns wirklich wünschen und wollen. Zahllose Poeten, Weise, Mystiker und Philosophen haben uns das eindringlich gepredigt.

Vielleicht besteht unser sehnlichster Wunsch darin, einen Pharao in Ägypten, den noch niemand gefunden hat, zu entdecken. Wir haben sechs Jahre gegraben, der Berg unserer Schulden ist so hoch wie der Berg des Grabungsabraums und alle schütteln den Kopf über uns, denn wir haben noch nichts gefunden. Wir allein wissen jedoch, dass der Pharao noch da ist und dass wir ihn finden werden. Denn wenn wir in uns hineinhorchen, spüren wir, dass wir nicht einer fixen Idee erlegen sind, sondern weitermachen sollen. Unser Sehnen hat nicht nachgelassen. Howard Carter suchte sechs Jahre vergeblich; im siebten (1922) fand er Tutanchamun.

Unsere Vision ist realisierbar, sonst wäre sie nicht in uns. Das heißt nicht, dass sie von alleine Wirklichkeit wird, sobald wir sie nur kennen. Im Gegenteil, wir müssen uns „bis zum Äußersten strecken". Wir müssen innerlich wachsen, wir müssen Energie aufbauen, wir müssen Selbstdisziplin und Konzentration entwickeln, wir müssen Geduld lernen, wir müssen den vielköpfigen Drachen unserer Negativität besiegen und wir müssen für die Vision arbeiten.

EINE VISION VON GRÖSSE

Eine Vision ist das Bild von der Zukunft, die wir erschaffen wollen, und diese Zukunft kann verschiedene Dimensionen betreffen: unser berufliches Leben, unser privates Leben, unsere finanzielle Situation, unsere Familie, das Umfeld und die Welt, in der wir leben, und nicht zuletzt uns selbst. Das sind nicht verschiedene Visionen, sondern Facetten der *einen* ganzheitlichen Vision unseres Lebens. In diesen Dimensionen müssen wir herausfinden, was unsere tiefsten Wünsche sind. Und dabei sollten wir uns von einem Prinzip leiten lassen: nach dem Höchsten streben.

Wenn wir aufmerksam in uns hineinhorchen, werden wir feststellen, dass wir nicht nur erfolgreich sein und bestimmte materielle Ziele erreichen wollen, sondern uns danach sehnen, etwas wahrhaft Großartiges, etwas Wertvolles zu erschaffen: eine großartige Firma, ein großartiges neues Produkt, eine großartige Familie oder etwas anderes, mit dem wir der Unterschied in der Welt sein können und das der Größe unseres Geistes gerecht wird. Wir haben ein Ideal vor

FÜHREN MIT VISIONEN

Augen. Wir wollen den Menschen etwas bringen. Wir haben Aspiration und nicht nur Ambition.

„Nach dem Höchsten streben" heißt nun, dass wir in unserer Vision keine Kompromisse machen. Wir sagen uns nicht, es sei sowieso nicht möglich, ein vor Dynamik und Lebensfreude vibrierendes Unternehmen zu erschaffen oder unser Produkt um ein Mehrfaches haltbarer, wirksamer oder anderweitig nützlicher zu machen, sondern wir stehen zu dem, was wir uns wirklich wünschen. Wir zensieren uns nicht, wir lassen keine Wünsche weg, die uns eigentlich am Herzen liegen, wir geben uns nicht mit wenig zufrieden, wenn wir viel wollen, nur weil unser Verstand uns einflüstert, dass es nicht geht. Denn der hat immer eine Menge an Logik und Zweifeln parat. Wir halten vielmehr an unseren Idealen fest und stehen zu unserer Vision, auch wenn wir sehr, sehr lange brauchen, um sie zu realisieren. So wie die Möwe Jonathan trachten wir danach, noch höher, schöner und schneller zu fliegen. Unsere volle Energie kann nicht aktiviert werden, wenn wir unseren ersehnten Traum auf das vorgeblich Machbare – die Flughöhe von 50 Metern – beschränken.

Wenn wir etwas wahrhaft Großartiges erschaffen wollen, werden wir früher oder später entdecken, dass dies nicht geht, solange wir selbst die Gleichen bleiben. Wir müssen auch selbst großartig werden. Wir brauchen eine Vision von Größe und Meisterschaft von uns selbst (auch die ist schon in uns) und müssen sie in uns verwirklichen. Wir müssen uns von unseren Unsicherheiten, unseren Ängsten, unserer Unruhe, unseren Begierden, unserem Groll, unserer Verletzlichkeit oder was immer uns beeinträchtigt, trennen. Denn sonst haben die Disharmonien, die in unserem Denken und Fühlen verbleiben, zur Folge, dass sie sich auf unsere Familie und Firma oder Arbeitssituation übertragen und dort disharmonische Ergebnisse hervorrufen. Da unsere äußere Realität ein getreuer Spiegel unserer inneren Realität ist, sind disharmonische Ergebnisse ein untrügliches Zeichen dafür, dass wir etwas loslassen und uns selbst weiterentwickeln sollen.

Vielleicht haben wir in zwanzig Jahren eine erfolgreiche Firma aufgebaut, doch wir schuften dafür immer noch Tag und Nacht. Möglicherweise, weil unsere Ängste und unser Misstrauen uns nicht erlauben, von der Arbeit loszulassen, unseren Mitarbeitern zu vertrauen und zu akzeptieren, dass sie die Dinge anders tun, als wir sie tun würden. Oder weil wir – auch aus Misstrauen – denken, dass unsere Mitarbeiter nur dann viel arbeiten, wenn wir ihnen noch mehr vor-arbeiten. Vielleicht haben wir auch unbewusst nie wirklich starke Menschen, die uns auch einmal ein „Nein" oder „Anders" entgegensetzen und denen wir uns anpassen müssen, um uns gewollt. Und nun stehen wir mit Leuten da, die uns tatsächlich nicht sehr entlasten können. Wir haben zwar Erfolg, oft enormen Erfolg, aber wir haben nichts so Großartiges erschaffen, wie wir es uns eigentlich wünschten, weil wir unsere inneren Disharmonien nicht analysiert und uns nicht davon gelöst haben.

In gewissem Sinne hatten wir unsere Vision auf den Rumpf des Schmetterlings reduziert. Dieser Rumpf bestand vielleicht aus dem Wunsch nach einer eigenen Firma oder einer guten Position und einem hohen Einkommen, einem Haus und was es sonst noch so an äußeren, materiellen Zielen (die durchaus legitime Visionsfacetten sind) gibt. Den Rumpf haben wir verwirklicht und nun entdecken wir, dass wir ohne Flügel nicht so froh und leicht umherflattern können wie der Schmetterling, der in uns immer noch auf seine Entfaltung wartet und drängt.

Unsere Vision ist *der ganze Schmetterling*. Unsere materiellen Ziele *und* unsere Ideale. Die äußeren Ergebnisse *und* unser inneres Wachstum. Das, was wir für uns und unsere Familie erreichen wollen, *und* das, was wir der Menschheit geben wollen. Das Profane, Erreichbare *und* das Erhabene, Unerreichbare, dem wir uns mit der Zeit nur immer weiter annähern können. Um den Schmetterling und seinen Garten voll und ganz verwirklichen zu können, müssen wir selbst zum Schmetterling werden und unsere Vision verkörpern. Wir müssen das Ideal selbst leben. „Denn es ist die wunderbare Eigenschaft des Hauses, das du im Traume erbaust, dass es nicht dich selber, sondern ein verwandeltes Ich beherbergt", schreibt Antoine de Saint-Exupéry.

Wir können als Menschen wachsen und unser Ich „verwandeln". Wir können viel energiereicher, liebender, optimistischer, harmonischer, positiver, gelassener, weiser und meist auch gesünder sein, als wir heute sind. Wir können die Disharmonien in unserem Denken und Fühlen, unsere Ängste, unser Misstrauen, unseren Groll oder was immer wir mitschleppen, hinter uns lassen.

Das geht jedoch nicht von heute auf morgen und wir müssen auch einiges dafür tun. Wir müssen uns auf den mühsamen Weg machen zu lernen, unsere Gedanken zu kontrollieren. Mit den Jahren und Jahrzehnten entwickeln wir uns deutlich weiter.

BLEIBT EINE VISION IMMER GLEICH?

Wie alles Lebendige entwickelt sich auch unsere Vision. Wenn wir nach ihr suchen, dann entdecken wir nach und nach mehr von ihr. Zunächst haben wir eine Vision von der Ausbildung, die wir machen wollen. Oft reift erst in dieser Zeit die Vision von der Tätigkeit, die wir danach ausüben wollen. Später entwickelt sich vielleicht die Vision, dass wir uns selbstständig machen oder ein Unternehmen gründen wollen. Wir tragen dieses Bild vielleicht lange mit uns herum; eines Tages ist es dann stark und klar und nichts kann uns mehr halten.

Manche Menschen haben eine einzige große Lebensaufgabe, entdecken sie bereits früh und arbeiten dann mehrere Jahrzehnte daraufhin. Bei anderen Menschen ändert sich die Aufgabe im Laufe des Lebens grundlegend. Wir sind vielleicht 25 Jahre im Hotelfach gewesen und entdecken mit 50 plötzlich, dass wir gerne Bücher verlegen würden. Das muss nicht heißen, dass wir 25 Jahre an unserer Vision vorbeigelebt haben. Wir waren tatsächlich lange begeisterter und erfüllter Hotelier, doch nun ist für uns eine neue Zeit angebrochen. Wir verspüren den Drang, etwas Neues zu tun, um eine Herausforderung zu spüren, um wachsen zu können und um der Allgemeinheit zu dienen.

Bei einigen von uns beginnt erst in der Lebensmitte, nachdem die materiellen Ziele erreicht sind, eine ernsthafte Visions- und damit auch Sinnsuche. Es geht uns vielleicht so, wie Dante es in den ersten Zeilen der „Göttlichen Komödie" beschreibt: „Mittwegs auf unsres Lebens Reise fand in finstren Waldes Nacht ich mich verschlagen, weil mir die Spur vom geraden Wege schwand." Wir sehen die zeitliche Begrenztheit unserer Wirkungsmöglichkeiten und möchten in den letzten 15 oder 20 Jahren noch etwas Wertvolles tun und eine Spur auf der Erde zurücklassen. Das Ergebnis der Visionssuche muss keine fundamental neue Aufgabe sein, aber vielleicht ein fundamental anderes Angehen der alten (was natürlich erfordert, dass wir uns selbst verändern).

Die Entdeckung der eigenen Vision ist in jedem Fall eine immerwährende Aufgabe. Wir dürfen nicht darin nachlassen, wachsam zu sein, sonst befinden wir uns vielleicht plötzlich in Dantes dunklem Wald und gehen an verlockenden Gärten vorbei.

Vision	Ziel
Ist ein ganzheitliches Bild unserer Zukunft – „der ganze Himmel".	Kann nur einen einzelnen Aspekt unserer Zukunft betreffen – „der Himmel durch ein Schilfrohr gesehen".
Ist eine Idealvorstellung, unsere Werte sind darin verwirklicht, enthält einen Nutzen auch für andere.	Muss mit Werten nichts zu tun haben, muss keinen Nutzen für andere enthalten.
Ist sehr herausfordernd – ein großer Traum.	Muss nicht herausfordernd sein.
Ist ein lebendiges, geistiges Bild, wird innerlich erlebt, als ob sie schon wahr wäre.	Kann ebenfalls ein inneres Bild sein, manche Ziele (zum Beispiel quantitative) lassen sich jedoch nur schwer innerlich vorstellen.
Wird ent-wickelt, ent-deckt, ist bereits in uns, entspricht inneren Wünschen.	Setzt man sich.
Schließt ein verändertes „Ich" ein.	Steht „außerhalb" der Person.
Der Weg zur Vision ist größtenteils unbekannt.	Der Weg zum Ziel kann bekannt sein.
Ihre Verwirklichung wird heiß ersehnt.	Die Zielerreichung wird mal mehr, mal weniger ersehnt.
Wir arbeiten mit aller Kraft für die Vision und sie manifestiert sich.	Wir arbeiten abhängig von der Stärke unseres Wunsches mal mehr, mal weniger für das Ziel.

FÜHREN MIT VISIONEN

DIE REISE INS ZENTRUM: WIE KÖNNEN WIR UNSERE VISION ENTDECKEN?

Wir sind nicht alle in der gleichen Situation. Manche stochern gerade im Nebel und suchen nach einer neuen Aufgabe. Oder sie fragen sich, ob sie bei ihrer Familie bleiben sollen. Andere sind in eine Aufgabe und Lebenssituation hineingestellt und wissen sicher, dass es so bleiben soll. Beide jedoch können sich noch klarer über ihre Vision werden. Sie können neue Facetten ihrer Vision entdecken. Sie können entdecken, was das wirklich Wertvolle ist, das sie erschaffen möchten, und zu ihren Idealen finden. Doch das eine ist das Erkennen der Vision, das andere ist, sie mit Energie aufzuladen, zu nähren und eine starke Intention aufzubauen. Darauf wird noch zurückzukommen sein.

Unsere Vision entdecken wir, ganz allgemein gesagt, durch alle Aktivitäten und Ereignisse, die uns uns selbst näher bringen. Im einfachsten Fall nehmen wir uns etwas Zeit und Ruhe und betrachten einmal sorgfältig alle Wünsche, die wir haben: Was wollen wir wirklich – beruflich, familiär, finanziell etc. –, wo haben wir uns bisher zensiert, welche Wünsche haben wir verdrängt, weil wir ihre Erfüllung jenseits unserer Möglichkeiten sahen? Was sind die wirklich wesentlichen Wünsche, welche sind nur eingebildet oder nicht wichtig? Die zweiten legen wir endgültig ab, die ersten sind die Vision, die wir verwirklichen sollen.

Um etwas tiefer zu gehen, versetzen wir uns in einen entspannten Zustand mittels autogenes Trainings oder einer ähnlichen Technik, die wir gelernt haben oder als angehende Visionäre – hoffentlich – noch lernen werden. Denn in diesem Zustand sind wir imaginativer und offener für Intuitionen. Wir gehen unsere Wünsche und die Wege, die wir einschlagen könnten, durch und stellen uns vor, wie es ist, wenn sie verwirklicht sind respektive wenn wir den einen oder anderen Weg beschreiten. Würden wir diese Zukunft tatsächlich nehmen, wenn wir sie bekämen? Löst sie bei uns ein gutes Gefühl aus? Stellen wir sie uns gerne vor? Können wir sie uns überhaupt vorstellen? Zieht sie uns an? Wollen wir sie unbedingt verwirklichen? Wenn ja, dann ist sie Teil unserer Vision.

Zusätzlich sollten wir im entspannten Zustand einmal unserer Fantasie freien Lauf lassen und uns vorstellen, wie unser Leben und unsere Arbeit oder Firma einmal aussehen werden. Wir machen eine innere Reise in unsere Zukunft. Diese Reise wird uns wahrscheinlich latente Wünsche deutlich machen, die wir vorher nicht deutlich sahen oder nicht verbalisieren konnten. Wenn uns diese Reise in unseren Beruf führt, dann sehen wir uns vielleicht plötzlich mit vitaleren, unkomplizierteren, optimistischeren und herzlicheren Menschen zusammenarbeiten, als sie heute um uns sind. Und das ist etwas, was uns möglicherweise vorher nicht so klar war. Die innere Reise durch die Zukunft macht uns deutlicher, was wir wirklich wollen.

Wenn wir noch Fragen über unseren Weg haben und mehr Klarheit suchen, sollten wir uns, immer noch im entspannten, meditativen Zustand, eine Frage stellen: „Was ist meine Vision?" oder „Was sind meine Aufgaben?" Diese Frage sollte in uns einsickern und die tieferen und wissenderen Schichten unseres Bewusstseins erreichen. Wir stellen sie uns so bewusst, dass wir die Frage nicht nur denken, sondern auch fühlen. Wir meditieren über diese Frage, das heißt, wir stellen sie uns einige Male innerlich bewusst und verbringen dabei und danach Zeit in Stille und Konzentration, die unseren Geist beruhigt und uns empfänglich für Eingebungen macht. Indem wir die Frage stellen, öffnen wir uns für die Antwort. Möglicherweise kommen uns dabei sofort Antworten in den Sinn. Vielleicht macht die Zeit der Stille uns deutlich, wo unsere eigentlichen Prioritäten liegen, wenn wir vor der Wahl zwischen Alternativen stehen. Oder wir erhalten die gewünschte Klarheit erst viel später, wenn wir unter der Dusche stehen oder spazieren gehen.

Wenn wir eine noch intensivere Erfahrung suchen, können wir dem Rat von Thomas Carlyle, Goethes Freund in England, folgen: „Hüte deine Zunge für einen Tag! Am nächsten Tag sieh, wie viel klarer deine Ziele und Aufgaben sind. Was für ein Kehricht in dir ausgeräumt wurde." Ein ganzer Tag Schweigen und Konzentration, das ist schon eine ordentliche Portion, die den meisten von uns unruhigen und kopflastigen Geistern viel abverlangen wird. Spätestens wenn wir uns dem unterziehen, spüren wir deutlich, dass Visionssuche auch Heilung ist. Es ist ein Prozess, der uns in unsere Mitte führt und der uns Kraft und Energie gibt. Wir erfahren, dass wir mehr sein können, als wir heute sind. Wir entdecken also auch die Vision von dem, was wir als Mensch sein könnten.

Noch intensivere Formen der Visionssuche wurden und werden seit Urzeiten von den Naturvölkern aller Kontinente in ähnlicher Form vollzogen, zum Beispiel bei den Indianern Nordamerikas. Dabei begibt man sich für einige Tage und Nächte allein und ohne Essen in die Einsamkeit der Wildnis. Man stellt die Frage nach der Vision. Man wird still in der Stille der Natur. Wenn man schließlich zurückkommt, weiß man mehr als vorher. Man ist sich selbst näher gekommen. Und man ist voller Vitalität und erneuertem Vertrauen in sich selbst und das Leben. Die Visionssuche in der Wildnis mag uns aus der Sicht unserer Kultur sehr fremd vorkommen. Interesssant ist jedoch, dass in den USA bereits einige Colleges und Universitäten „Visionsfasten in der Natur" in ihren Lehrplan aufgenommen haben. Und es wird wohl nicht mehr lange dauern, bis die ersten unserer Großunternehmen Führungskräfte zur Visions- und Sinnsuche in die Einsamkeit der Wüsten Arizonas fliegen werden.

Manchmal erleben wir Ereignisse, die uns unsere Vision zu Bewusstsein bringen und möglicherweise sogar unserem Leben eine Wende geben. Tragödien aller Art sind machtvolle Katalysatoren für das Bewusstwerden der Dinge, die wir in unserem Leben erschaffen wollen. Oder wir machen einfach eine Beobachtung, die uns tief bewegt. Jeden anderen lässt die gleiche Beobachtung vielleicht kalt, doch bei uns hinterlässt sie einen unauslöschlichen Eindruck in der Seele.

Konosuke Matsushita hat zwischen seinem dreißigsten und neunzigsten Lebensjahr ein Unternehmen mit 60 Milliarden Dollar Umsatz aufgebaut. Er selbst führt diese Leistung unter anderem auf das folgende Erlebnis zurück: „1932 beobachtete ich in Osaka einen Wanderer, der aus einer offenen Quelle trank. Mir kam plötzlich der Gedanke, dass es wundervoll wäre, wenn Konsumgüter so reichhaltig und billig verfügbar wären wie Wasser." Dieses Erlebnis berührte ihn so tief, dass es sich im Firmenlied von Matsushita wiederfindet: „Wir senden unsere Produkte zu den Menschen der Welt, ewig und beständig wie Wasser, das sich aus einer Quelle ergießt."

DIE VISION MIT ENERGIE AUFLADEN

Wir haben nun eine Vision, doch das heißt nicht, dass sie bereits eine unwiderstehliche Kraft in uns ist, die uns nach oben trägt. Wir müssen sie hegen und pflegen und ihr Energie zuführen.

Ein *erstes* Mittel dazu ist, dass wir die Vision zu Papier bringen. Wir schreiben das auf, was in unserem Leben sein soll. Wir achten dabei auf die Wortwahl und Formulierung. Denn sie soll präzise das wiedergeben, was wir erreichen wollen. Wir achten darauf, dass wir nichts Widersprüchliches aufschreiben. Wir lassen das Unwichtige weg. Wir verwahren dieses Schriftstück sorgfältig – am besten an einem Ort, der uns etwas bedeutet – und sehen es später immer wieder einmal an, um uns zu vergegenwärtigen, was wir eigentlich wollen.

Ein *zweiter* Schritt besteht darin, innerlich den festen Entschluss zu fassen, diese Vision zu realisieren und an ihrer Machbarkeit nicht zu zweifeln. Erinnern wir uns daran, dass Wünsche in uns eine Bedeutung haben und dass wir unsere Vision realisieren sollen. Wir sollen über unsere Zweifel hinauswachsen. Wir werden es nicht sofort schaffen, nie mehr zu zweifeln. Solche Phasen überfallen fast jeden. Doch wir sollen nicht im Zweifel verweilen.

Eine *dritte* Methode ist, dass wir uns die Vision innerlich vorstellen, wie ich es schon beschrieben hatte. Dabei sehen wir uns auch selbst in dieser Zukunft. Wir achten darauf, was wir sehen, hören und körperlich empfinden – damit ein lebendiges, sinnliches Bild entsteht. Wir stellen uns Situationen vor, die uns besonders stimulieren. Wir sehen vielleicht die begeisterten und dankbaren Kunden, die auf uns zukommen und uns die Hand schütteln, und hören ihre lobenden Worte. Oder wir erleben, wie wir einen großen und wichtigen Auftrag bekommen. Wir spüren bewusst die Freude und den Stolz darüber, dass wir diese Zukunft erschaffen konnten. Wir fühlen uns erfolgreich.

Die innere bildhafte Vorstellung hat eine wichtige Bedeutung. Sie weckt positive Gefühle und solche Gefühle sind Energie. Sie motiviert uns. Sie prägt sich stärker als Worte in unser Unterbewusstsein ein und leitet dadurch unser Denken und Handeln. Sie stärkt unseren Glauben daran, dass wir diese Vision verwirklichen werden. Sie hilft uns, Ängste zu bewältigen. Sie mobilisiert Kräfte in uns, die wir sonst nicht hätten. Wenn es die richtige Vision ist, dann werden wir sie uns gerne immer wieder einmal vorstellen. Und das sollten wir tun. Denn damit geben wir ihr neue Kraft.

Eine *vierte* Möglichkeit, um unsere Vision mit Energie aufzuladen, besteht schließlich darin, Ballast abzuwerfen. Wir schaffen Platz für das Neue, indem wir unnötige Aktivitäten aufgeben und uns von Dingen und möglicherweise Menschen trennen, die in unserer Vision nicht mehr vorkommen. Indem wir so handeln, geben wir unserem Unterbewusstsein ein starkes Signal, dass wir tatsächlich bereit sind und Vertrauen in die Zukunft haben.

WAS BEWIRKT DIE VISION FÜR UNS?

Wir werden für die Vision sicher viel arbeiten. Und zugleich wird sie sich von selbst erfüllen. Denn wir werden das Glück der Tüchtigen haben. Es werden Ereignisse eintreten, die uns helfen. Menschen mit Vision ziehen diese Ereignisse an. Eine kraftvolle Vision wird immer verwirklicht, sie manifestiert sich. „Ich sage dir: Jedes starke Bild wird Wirklichkeit", schrieb Antoine de Saint-Exupéry. Wenn wir uns unsere Vision bewusst machen und lernen, an sie zu glauben, dann verbinden wir uns mit einer Kraft, die größer ist als wir selbst. Es ist der Geist, der die Materie erschafft.

Auf dem Wege zu unserer Vision werden wir immer mehr Ideen entwickeln, wie wir sie realisieren können. Denn das ist uns am Anfang meist überhaupt nicht klar. Eine Vision ist ein Ziel, zu dem wir den Weg nicht von vornherein vollständig kennen. Das gerade macht ihren Reiz aus. Mit einer solchen Vision wird sich auch unsere Wahrnehmung verändern, ohne dass uns dies besonders auffiele. Wir werden einfach alle Informationen hellwach aufnehmen, die uns auf dem Weg zur Vision weiterhelfen. Unser Gedächtnis mag mittelmäßig sein, doch dort, wo es um unsere Vision geht, erinnern wir uns an Einzelheiten noch nach Jahren.

Schließlich werden Rückschläge eintreten. Die Dinge laufen nicht gut oder es passiert sogar das Gegenteil von dem, was wir erschaffen wollen. Wir werden getestet, ob wir es wirklich ernst meinen. Wir werden versucht aufzugeben. Das ist ein gutes Zeichen und wir dürfen uns nicht beirren lassen.

Um nun unserer Vision die volle Kraft zu geben, müssen wir auch die Kehrseite von Vision betrachten: unser Verhältnis zur Realität und unsere Energie.

KAPITEL 2

Energie in uns und im Unternehmen

> „In all den Mysterien, die uns umgeben, ist nichts sicherer, als dass um uns ständig eine unendliche, ewige Energie gegenwärtig ist, aus der alle Dinge hervorgehen."
>
> *Herbert Spencer*

Vision und Realität gehören zusammen. Eine Vision zu haben verlangt von uns nicht nur, einem Traum zu folgen, sondern es verlangt auch, fest in der Realität verwurzelt zu sein. Erst wenn beides zusammenkommt, entsteht Energie.

VISION UND REALITÄT – DIE KREATIVE SPANNUNG

Von dem amerikanischen Komponisten und Kreativitätslehrer Robert Fritz stammt das Konzept der „kreativen Spannung" (siehe Abbildung 2.1, Seite 25). Eine Spannung entsteht, wie wir aus der Physik wissen, immer zwischen Polen; bei der kreativen Spannung sind es die Pole Vision und Realität. Diese müssen wir in uns aufbauen, wenn wir etwas schaffen wollen.

Das Konzept der kreativen Spannung ist ein Grundkonzept, das in diesem Buch wiederholt auftauchen wird. Denn Führen mit Vision heißt nicht nur, im Unternehmen einen Traum lebendig werden zu lassen, es heißt auch, die Realität lebendig zu machen. Beide Aufgaben sind absolut gleichwertig. Alle „Werkzeuge", die wir zur Entwicklung und Verbreitung der Vision anwenden, müssen beides leisten. Und wenn die Vision einmal bewusst ist, dann bleibt die wichtige Daueraufgabe, sich immer wieder die Realität bewusst zu machen.

Was heißt nun, die Realität lebendig werden zu lassen, für uns als Führungskraft persönlich? Sind Führungskräfte nicht schon fest in der Realität verwurzelt? Ist nicht ihre Bodenhaftung eher zu groß als zu klein, sodass es ihnen schwer fällt, sich einem Traum zu verpflichten?

Nun, als Führungskräfte sind wir zwar in der Regel keine haltlosen Träumer und können vielen Tatsachen klar ins Auge sehen. Andererseits sind wir genauso gut im Ausblenden und Verzerren von Realität wie andere Menschen auch. Wir sehen nicht gerne, wo wir selbst zu Problemen beitragen. Wir ziehen voreilige Schlüsse und generalisieren, wo wir eigentlich weiter offen bleiben sollten. Wir fordern unsere Kollegen und Mitarbeiter nicht aktiv auf, unsere Meinung und unser Denken zu hinterfragen und alternative Sichtweisen anzubieten. Wir sehen nicht unsere eigenen Ängste. Wir hören oft nicht wirklich zu, fragen nicht intensiv genug und erkennen nicht die Realität unserer Gesprächspartner. Wir halten uns für jemand, der wirklich offen ist, und sehen nicht, dass dies nur teilweise der Fall ist. Möglicherweise nehmen wir auch Signale aus dem Markt nicht wahr. Wir gehen nur mit *einem* geöffneten Auge durchs Leben.

Wir sehen nicht die Wirklichkeit, wie sie ist, sondern machen uns ein Modell von ihr, das uns behagt. Und dieses verwechseln wir dann mit der Realität. Vor allem machen wir uns ein Modell von uns selbst, unser Selbstbild. In diesem Selbstbild haben wir beispielsweise festgelegt, was wir meinen zu können und nicht zu können; und das kann fern von der Wirklichkeit sein. Aber wir glauben an unser Bild, und weil wir daran glauben, wird es zu einer selbsterfüllenden Prophezeiung. Dann bestätigen wir uns selbst wieder, dass das stimmt, was wir glauben. Wir glauben zum Beispiel, dass wir nicht mehr als ein Jahresgehalt in einer bestimmten Höhe wert sind, und bekommen daher auch nicht mehr. Wenn wir mit unserem Vorgesetzten über eine Gehaltserhöhung sprechen, dann drücken unser Tonfall, unsere Mimik und unsere Gesten aus, dass wir es nicht wirklich ernst meinen. „Es muss ja noch nicht jetzt sein", sagen wir vielleicht sogar und der Vorgesetzte versteht natürlich. Und das alles, weil wir die Realität nicht sehen, sondern uns nur ein Modell davon machen.

Abb. 2.1 Die kreative Spannung

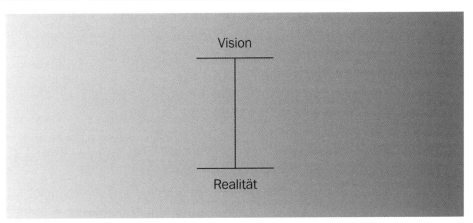

Wir brauchen nicht weniger Realitätssinn und Bodenhaftung, sondern bedeutend mehr davon, wenn wir zu kraftvollen Visionären werden wollen. Wir müssen dahin kommen, dass wir statt unserer abgetragenen mentalen Modelle – unserer Selbst- und Weltbilder – die Welt wie ein Kind in jedem Moment wieder mit Neugier, Staunen und Frische betrachten und uns selbst in der Welt ganz neu erleben.

Wir sollten erreichen, dass wir möglichst oft konzentriert und hellwach in der Wirklichkeit sind und sie mit allen Sinnen aufnehmen – sodass die Wirklichkeit endlich ihrem Namen gerecht werden und auf uns wirken kann. Dann spüren wir wieder den Boden unter den Füßen bei jedem Schritt. Dann nehmen wir auch wieder unseren Körper und unsere Gefühle wahr – und wie weit sind wir heute davon entfernt! Dann genießen wir den Augenblick und fühlen uns wohl dabei – wo wir heute so oft sorgenvoll an Dinge denken, die vielleicht einmal passieren könnten.

Dann sind wir wie ein starker Baum oder eine gothische Kathedrale, unten fest in der Realität verwurzelt, oben luftig und leicht unseren Träumen folgend.

FÜHREN MIT VISIONEN

DIE EIGENE ENERGIE ENTWICKELN

Wenn wir voll und ganz in der Realität leben, dann haben wir vor allem viel Energie – und das ist ein äußerst wichtiger Aspekt für unsere Vision. Denn für eine großartige Vision brauchen wir immer enorm viel Energie. Es gibt zahllose Anleitungen für Erfolg, die alle in der einen oder anderen Form sagen, dass man eine lebendige Vision braucht. Doch es ist noch niemand außerordentlich erfolgreich gewesen, der nicht eine überdurchschnittliche Energie gehabt hätte. Und die können wir entwickeln, und zwar immer weiter.

Probieren Sie es aus, indem Sie dem schon erwähnten Rat von Thomas Carlyle folgen und einen Tag in Schweigen und Sammlung verbringen, sei es, dass Sie sich in eine kleine Kapelle zurückziehen oder durch den Wald marschieren oder beides tun. Spüren Sie den steinigen Weg unter den Füßen, nehmen Sie jeden Atemzug wahr, riechen Sie den Duft der Natur, hören Sie das Zwitschern der Vögel. Halten Sie nicht an den Gedanken über das Morgen oder das Gestern fest, sondern gehen Sie federnd und bewusst jeden Schritt. Dann kommt die Energie, die in uns allen ist und die auch in unserem Alltag da sein könnte, wenn wir uns entschlössen, sie zu entwickeln.

Fast alle Kulturen haben ein Wort für diese Energie (die Japaner nennen sie zum Beispiel „Ki"), nur wir haben keins. Jeder europäische Arzt, Philosoph oder Mystiker, der die Bedeutung dieser Energie erkannte (zum Beispiel Paracelsus, Henri Bergson, Meister Eckehart), musste sein eigenes Wort erfinden. Das Ergebnis klingt für unsere Ohren fremd genug. Erst langsam verbreitet sich bei uns der Begriff „Lebensenergie", den meisten sagt er jedoch nichts. „Die Grenzen unserer Sprache sind die Grenzen unserer Welt", lehrte uns Wittgenstein. Daher kommt diese Energie in unserer Welt bisher nicht vor. Wir spüren zwar, dass wir mal mehr, mal weniger Energie haben, doch wir wissen noch nicht, dass wir diese Energie freilegen können, wenn wir beginnen, die Frische jedes Augenblicks zu genießen und disharmonische Gedanken und Gefühle einfach beiseite zu lassen.

Nach meiner Erfahrung ist das Energieniveau auch vieler hoch rangiger Führungskräfte sehr instabil. Sie haben zwar Energie, doch schon eine kleine Störung kann sie vermindern. In meinen Seminaren zeige ich das mit ein paar Experimenten. Eines davon entstammt der Behavioralen Kinesiologie von John Diamond. Es hat einen ernsthafteren Hintergrund, als seine Einfachheit vermuten lässt. Dabei muss ein Teilnehmer beide Arme seitwärts waagerecht ausstrecken. Ich versuche dann, seine Arme nach unten zu drücken, während er nach oben drückt. Er hat Energie und hält meinem Druck stand. In einem zweiten Durchgang sage ich zu dem Teilnehmer mittellaut „Buh". Dann drückt er wieder nach oben und ich drücke nach unten. Und siehe da, dieses Mal kann ich seine Arme mit Leichtigkeit nach unten bewegen. Denn die Energie meines Gegenübers ist weg – so als ob aus einem Luftballon die Luft rausgelassen worden wäre. Und das nur wegen eines „Buh". (In unserem Alltag gibt es natürlich ständig alle Arten von „Buhs".) Bitte ich den Teilnehmer in einem dritten Durchgang, jetzt seine Füße auf dem Boden zu spüren, und sage ich auch diesmal wieder „Buh", so ist seine Energie nicht geschwächt, er kann meinem Druck widerstehen. Denn Körperbewusstsein und eine buchstäbliche Bodenhaftung stimulieren Energie. Während wir unseren Körper spüren, können wir nicht gleichzeitig Gedanken denken, die unsere Lebensenergie vermindern.

Ich habe bei den vielen Malen, die ich dieses und ähnliche Experimente mit Managern und Unternehmern durchführte, weniger als eine Handvoll Menschen getroffen, deren Energie ich mit meinen Tricks nicht schwächen konnte. Es waren ausnahmslos überaus vitale und erfolgreiche Leute. Sie waren nach außen nicht immer lebhaft, doch sie hatten wache Augen, sie waren humorvoll und sehr gelassen.

Wenn wir es mit unserer Vision ernst meinen, dann sollten wir uns auf den Weg machen und unsere Energie entwickeln. Wir sollten im Jetzt leben, unseren Bauch spüren und uns von den Gedanken und Gefühlen lösen, die uns schwächen. Dann entwickeln wir eine starke Intention, wie sie der ehemalige Zehnkämpfer und Weltrekordler Kurt Bendlin beschreibt: „Du denkst nicht, du bist; du denkst nicht, was mache ich jetzt mit dem Diskus; du bist der Diskus, der Speer, die Kugel. Und die wollen fliegen. Du springst und machst nur das. Sonst nichts. Keine Gedanken, ob es schief geht oder nicht schief geht. Es wird gelingen. Das Erfolgsbild ist schon da. Es ist in dir verankert." Was Bendlin beschreibt, ist Zen in der Kunst des Zehnkampfes.

Wir werden unsere Vision nur erfüllen, wenn wir daran glauben. Wenn wir den Golfschläger heben und für den Bruchteil einer Sekunde daran denken, dass der Ball im Wasser landen könnte, wird er dort landen. An seine Vision zu glauben, ist nun nichts unüberwindbar Schwieriges. Denn der Glaube ist schon in uns, genauso wie unsere Vision. Glauben ist ein natürlicher Zustand. Allerdings ist er bei uns allen in unterschiedlichem Maße verschüttet durch zweifelnde und ängstliche Gedanken und Gefühle. Wir sind alle unterschiedlich und so ist der eine mehr bei seiner Tennis-Rückhand blockiert, der Zweite, wenn er vor vielen Menschen reden soll, und der dritte sorgt sich, ob er seine Firma auf den grünen Zweig führen kann. Im Vertriebsweg A fühlen wir uns vielleicht zu Hause und sicher, im Vertriebsweg B fühlen wir uns unsicher und ängstlich. (Und das Schicksal will es, dass der Vertriebsweg B immer mehr den Vetriebsweg A verdrängt.)

Wenn wir zweifelnde Gedanken haben und uns blockiert fühlen, sind unsere Lebensenergie und unsere Intention, die Vision zu verwirklichen, nicht voll da. Wir fühlen uns nicht wirklich erfolgreich. Allerdings werden wir umso erfolgreicher sein, je erfolgreicher wir uns fühlen. Der beste und sicherste Weg nun, um zu lernen, an seine Vision zu glauben und sich erfolgreich zu fühlen, besteht darin, sich vertrauensvoll dem Fluss des Lebens in diesem Moment hinzugeben. Wenn wir einen Tag in Sammlung verbracht haben, spüren wir wieder intensiv, dass wir auf der ganzen Linie gewinnen können.

Wenn wir ernsthaft unsere Lebensenergie, unseren Glauben und unser Gefühl, erfolgreich zu sein, entwickeln wollen, werden wir dazu in der einen oder anderen Form regelmäßig etwas Meditatives tun müssen. Einfach und sehr wirkungsvoll ist es, sich aufrecht hinzusetzen, seine Atmung zu beobachten und die Gedanken beiseite zu lassen. Vielleicht wollen wir aber auch dabei malen, Klavier spielen, Bogen schießen, die Eiger-Nordwand erklettern, Musik hören oder in der Einsamkeit der Morgendämmerung allein über den Golfplatz ziehen. Für die meisten wird allerdings das Stillsitzen am praktischsten und auch am wirksamsten sein. Man kann das mit gewissen Einschränkungen sogar im Flugzeug machen.

Je länger wir üben, desto mehr wächst unsere Energie. Die besorgten und ängstlichen Gedanken werden weniger und unser Vertrauen nimmt zu. Es fällt uns leichter, auch im Feuer des Alltags gelassen und konzentriert zu bleiben. Wir lösen uns – ganz langsam – von unseren inneren Disharmonien, unseren negativen Denk- und Gefühlsmustern. Wir nähern uns mit den Jahren immer mehr unserer Vision von Meisterschaft.

DIE ENERGIE DES UNTERNEHMENS

Lebensenergie ist nicht nur ein individuelles Phänomen, sondern auch ein kollektives – und damit machen wir den Sprung zum Unternehmen. Ein Unternehmen und sogar ein ganzes Land haben genauso ein bestimmtes Energieniveau wie ein Mensch. Denn Menschen stecken sich mit ihrer Energie blitzartig an. Sie richten sich gegenseitig auf oder sie ziehen sich nieder. Entsprechend ist die Energie der Organisation im einen Fall stark, im anderen schwach. Eine starke Energie im Unternehmen ist spürbar als Optimismus und Zuversicht, als ein Gefühl von Dringlichkeit, als eine gelöste, heitere Atmosphäre, als Freiheit von Angst und als Stolz und Freude, dabei zu sein. Die Menschen in einem Unternehmen mit viel Energie gehen aufrechter und lachen mehr. Sie sind entspannt und konzentriert bei der Sache und werden nicht durch negative Gedanken und Gefühle von der Arbeit abgelenkt.

Die Energie oder der Elan eines Unternehmens ist für seinen Erfolg von absolut zentraler Bedeutung. Thomas Watson Jr., der IBM groß machte, schrieb: „[…] der Geist und innere Schwung eines Unternehmens haben mit seinem Abschneiden im Wettbewerb viel mehr zu tun als technologische oder wirtschaftliche Ressourcen, Organisationsstruktur, Innovation und Timing." Die Übersetzung dieses Zitats ist jedoch unpräzise. Was als „Geist" übersetzt wurde, hieß im englischen „spirit". Und „spirit" ist auch Energie, eine Energie, die von innen kommt. Man muss inspiriert sein, um „spirit" zu haben. Thomas Watson Jr. sagte mit anderen Worten, dass ein Unternehmen seine Vision dann verwirklicht, wenn seine Lebensenergie da ist. Und wieder ist erstaunlich, dass wir kein gebräuchliches Wort für die Lebensenergie des Unternehmens haben.

Ein Wort, an das wir uns in den letzten Jahren gewöhnt haben, ist „Unternehmenskultur", das heißt die im Unternehmen gelebten Einstellungen und Verhaltensweisen. Die Unternehmensenergie beeinflusst sehr stark die Unternehmenskultur. Denn Unternehmen reagieren genau so wie wir selbst. Wenn wir uns voller Energie fühlen und die berühmte Kraft zum Bäumeausreißen in uns verspüren, dann leben wir unsere Ideale. Wir heben dann die Laune unserer Familie schon beim Frühstück und hören auch einem lästigen Kollegen geduldig zu. Wenn wir niedergeschlagen oder frustriert sind, dann leben wir diese Ideale nicht, weder im Beruf noch in der Familie. Dann sind wir leicht reizbar, hören nicht richtig zu, haben für niemanden Zeit usw.

Wenn im Unternehmen die Lebensenergie absinkt, geschieht Ähnliches. Es nehmen alle Unarten zu, die seinen Erfolg behindern: Kleinigkeiten werden hochgespielt, Machtkämpfe verstärken sich, Abteilungen kapseln sich voneinander ab, die Zahl der Aktennotizen steigt, die Produktivität sinkt, Neues wird abgelehnt, der Service wird schlechter, die Initiative erlahmt, Entscheidungen werden hinausgeschoben – eine Liste ohne Ende.

Auch die Kunden spüren, dass wenig Schwung da ist. Und wenn unser Verkäufer mit wenig Energie bei einem Kunden ist, kann es sein, dass dieser die Situation erkennt und ausnutzt und zusätzliche Konditionsvorteile für sich einfordert. Der Verkäufer gibt natürlich nach, denn seine Kraft ist nicht da.

Ein Unternehmen mit viel Lebensenergie hat zwar nicht automatisch die ideale Kultur, doch tendenziell sind Einstellungen und Verhalten positiver. Es gibt mehr Bereitschaft zur Zusammenarbeit, mehr Offenheit für Neues und mehr Mut. Meetings, um ein Beispiel zu nehmen, laufen dann lockerer ab, es wird mehr gelacht und gleichzeitig mehr geschafft. Vor allem hat ein Unternehmen mit viel Energie viel Ausstrahlung und Anziehungskraft nach außen. Denn Menschen, solange sie nicht notorische Miesepeter sind, streben zur Energie so wie Motten zum Licht.

Dass wir von Energie fasziniert sind, merken wir vielleicht am meisten, wenn wir eine Darbietung besuchen, also ein Konzert oder einen Sänger hören oder einen Tänzer oder Eiskunstläufer bestaunen. Die Lebensenergie derjenigen, die auf der Bühne stehen, kann uns völlig gefangen nehmen. Sie überträgt sich auf uns. Ein Einzelner kann ein Publikum von mehreren Tausend begeistern. Daher lassen wir uns gerne von Menschen führen, die viel Energie haben und die uns damit aufbauen und „hochziehen". Und daher arbeiten wir gerne in Unternehmen, deren optimistische Stimmung uns ansteckt.

Als Kunden können wir oft nicht sagen, warum wir uns gerade von diesem Hotel, diesem Geschäft oder dieser Bank so angezogen und uns darin so wohl fühlen. Denn äußerlich scheinen sie nicht so viel anders zu sein als andere. Es sind die Schwingungen der Energie im Raum, doch diese sehen wir nicht. Die heitereren und liebenswürdigeren Menschen darin mögen uns allerdings deutlich auffallen.

Die Physik lehrt uns, dass Materie etwas äußerst Flüchtiges ist und eigentlich aus einem Energiefeld besteht. Daher sollten wir uns an den Gedanken gewöhnen, dass auch die Bürostühle oder Kleiderbügel, die wir vielleicht herstellen, Energie sind. Und diese Bürostühle und Kleiderbügel enthalten auch die Lebensenergie des Unternehmens. Diese Lebensenergie drückt sich zuerst einmal darin aus, dass unsere Produkte eine makellose Qualität haben, dass sie originell und etwas Besonderes sind und dass sie den Bedürfnissen der Kunden entsprechen. Denn wenn sie mit Energie gemacht sind, dann sind sie auch mit Liebe gemacht. Darüber hinaus schwingt aber in jedem Produkt auch noch ein Teil der Energie des Unternehmens mit. Unbewusst spüren die Kunden diese Energie, wenn sie es in der Hand halten. Sie zieht sie an oder stößt sie ab.

Kunden bezahlen gerne Geld für Produkte, die Kraft und Lebendigkeit haben. Sie lieben beispielsweise Originale von Künstlern, weil diese die Energie ihres Schöpfers ausstrahlen. Und sie zahlen oft sehr hohe Preise dafür. Produkte und Dienstleistungen, die mit Liebe gemacht wurden und die lebendig und voller Energie sind, lösen bei den Kunden gute Gefühle aus. Wir geben ihnen daher mit solchen Produkten etwas sehr Kostbares – etwas, das einen guten Preis wert ist.

Die Entfaltung und Pflege der Lebensenergie des Unternehmens sind, ich möchte das noch einmal betonen, eine zentrale Führungsaufgabe. Der Erfolg hängt von ihr mehr als von allem anderen ab. Einer der wenigen deutschen Selfmade-Milliardäre, Rolf Deyhle, bekundet, dass er Unternehmen nicht nach ihrer Bilanz kauft. Er spürt ihre Energie und das bereits, wenn er die Eingangspforte durchschritten hat. Sie ist ein sicherer Indikator für künftigen Erfolg als Zahlen aus der Vergangenheit. (Man braucht allerdings selbst sehr viel Lebensenergie und damit Körperbewusstsein, um die Energie im Unternehmen gut wahrnehmen zu können.)

Leider wird die Aufgabe der Entfaltung der Lebensenergie heute kaum bewusst wahrgenommen. Leider wissen Führungskräfte auch zu wenig darüber, wie das geht und welche Verantwortung sie selbst dabei haben. Leider ist das Energieniveau der meisten Unternehmen so instabil wie das der meisten Menschen. Sobald die Dinge nicht mehr so gut laufen, sinkt es ab (was nicht heißt, dass es vorher besonders hoch war). Gerade in schwierigen Zeiten entweicht oft ein Teil der Kraft. Nicht nur die Mitarbeiter am unteren Ende der Hierarchie werden ängstlicher und pessimistischer, sondern auch die an der Spitze. Nur sehr wenige Manager und Unternehmer können einfach entspannt über Rückschläge lächeln.

Unser Ziel sollte aber nicht nur sein, das Absacken der Energie nach unten zu vermeiden, sondern auch, im Unternehmen immer mehr inneren Schwung, mehr Elan, mehr Optimismus, mehr Freude, mehr Gelöstheit, mehr Sinn – in einem Wort: mehr Lebensenergie wachsen zu lassen. Das ist an sich schon eine großartige Vision für jemanden, der eine Organisation leitet.

DIE LEBENSENERGIE DES UNTERNEHMENS ENTFALTEN

Es stellt sich nun die Frage nach dem „Wie?" Wie lässt sich die Energie des Unternehmens entfalten? Von der Antwort handelt der Rest dieses Buches. Es zeigt, was es heißt, Vision und visionäre Kraft im Führungsteam entstehen zu lassen. Und es zeigt, wie man diese Kraft auf das ganze Unternehmen überträgt.

Das oberste Führungsteam ist in der Tat ein wichtiger (wenn auch nicht der einzige) Ansatzpunkt, wenn die Energie des Unternehmens verändert werden soll. Denn es bestimmt mit seiner Energie die Energie der ganzen Organisation. Alle Mitarbeiter schauen nach „oben". Die meisten sind gerade für Stimmungsschwankungen ins Negative besonders anfällig, denn sie ruhen nicht in sich, ihre eigene Energie ist sehr instabil. Wenn das oberste Führungsteam in seinem Optimismus gedämpft ist oder wenn dort schwelende Konflikte Energie abziehen, dann strahlt dies auf das ganze Unternehmen aus.

Nur eine Führungsspitze mit viel Energie wird ein Unternehmen mit viel Energie erschaffen können. Und je mehr Energie die Führungsspitze hat, desto mehr wird sie weitere Führungskräfte und Mitarbeiter anziehen, die ebenfalls viel Energie haben – und diese ziehen weitere nach. Die besonders vitalen Menschen sammeln sich immer in den Unternehmen mit viel Energie.

Die Führungsspitze sollte also tunlichst an ihrer eigenen Energie arbeiten. Sie sollte ihre ureigene Vision entdecken und in sich lebendig werden lassen. Denn wenn sie keine faszinierende Vision vor Augen hat, wird ihre Energie nie voll stimuliert werden. Sie sollte erkennen, wo ihre Energie blockiert ist, und diese Blockaden beseitigen. Sie sollte kleinen Ritualen folgen, die ihre Lebensenergie wachsen lassen. Wie all dies geht, darauf komme ich noch ausführlich zurück.

Abgesehen von dem Visionsprozess, der Thema dieses Buches ist, beeinflussen noch viele andere Faktoren die Lebensenergie des Unternehmens. Sowohl das „menschelnde" Unternehmen, in dem keiner für schlechte Leistungen zur Rechenschaft gezogen wird, als auch das nicht menschliche Unternehmen, in dem die Mitarbeiter nicht respektiert werden, schwächen die Lebensenergie. Die Unterforderung wie die Überforderung von Mitarbeitern schwächen deren Energie. Alles, was gegenüber den Mitarbeitern Misstrauen signalisiert, schwächt die Lebensenergie. Alles, was Vertrauen signalisiert, erhält die Lebensenergie.

ENERGIE IN UNS UND IM UNTERNEHMEN **KAPITEL 2**

Wir sollten versuchen, in unseren Unternehmen eine Atmosphäre der Freude zu erzeugen. Vielen von uns ist das noch fremd, denn wir denken bisher zu sehr, dass Arbeit und Geldverdienen eine ernste Sache sind, die keinen Spaß machen darf. Daher feiern wir zu wenig und zu fantasielos unsere Erfolge, das Beschreiten von neuen Wegen und das Loslassen von alten. Daher geben wir uns auch zu wenig Mühe, Menschen in Führungspositionen zu bringen, die Vitalität, Freude und Begeisterung ausstrahlen.

Es ist auch wichtig zu wissen, dass es Menschen gibt, die schwarze Löcher für die Energie ihrer Umgebung sind. Diese Menschen sind so negativ eingestellt, dass sie andere permanent hinunterziehen. Wir sollten uns von ihnen trennen. Gelegentlich haben wir auch einen Kunden, der ein solches schwarzes Loch ist. Hier ist es schwieriger, sich zu trennen, ohne andere Kunden auch zu verlieren. Doch wir sollten es versuchen. Die Bestimmung eines Unternehmens ist es nie, mit absolut jedem Geschäfte zu machen. Wir werden natürlich auch nie nur nette Menschen als Kunden haben, doch die absoluten Energievernichter sollten wir dem Wettbewerb überlassen – ohne sie ihm zu wünschen.

Wenn andererseits ein Unternehmen das Niveau seiner Lebensenergie hebt, dann zieht es tatsächlich nettere Kunden an. Und die Kunden, die es hat, werden freundlicher. Denn unsere äußere Realität entspricht unserer inneren. Das gilt auch für Unternehmen. SAS machte diese Erfahrung, als Anfang der Achtzigerjahre neuer Schwung das Unternehmen belebte. Der Service wurde in der Folge besser und die Kunden merkten dies. Daraufhin fragte man Flugbegleiter(innen), wieso man denn jetzt so viel besseren Service böte. Eine antwortete: „Nein, wir haben uns nicht geändert. Aber unsere Kunden haben es getan. Irgendwie sind sie jetzt ganz anders und man hat das Gefühl, man bekommt etwas von ihnen, also will man geben."

Die eigene Lebensenergie steckt die Kunden an und diese stecken wiederum uns selbst an – auch das ist eine erstrebenswerte Vision.

KAPITEL 3

Die Vision von Führern

„Bei Pepsi waren wir Krieger. Wir kämpften verbissen um jeden zehntel Prozent Marktanteil und wir verkauften, was Steve Jobs verächtlich ‚Zuckerwasser' nannte. Bei Apple dagegen sind wir Träumer, Visionäre. Wir werden von dem Drang getrieben, die Welt zu verändern, aus ihr einen Planeten zu machen, auf dem jeder Einzelne besser und kreativer leben kann."

John Sculley

Wie muss unsere Vision beschaffen sein, damit wir damit Menschen führen und inspirieren können? Wie muss sie sein, damit wir „Leadership" im besten Sinne ausüben? Eines gleich vorweg: Die Vision muss immer noch unsere ureigene sein, eben die, die wir bereits in uns tragen. Doch wir müssen sie in einer bestimmten Tiefe erkannt haben, damit wir auch in anderen eine Saite zum Klingen bringen können.

In letzter Zeit hat der Begriff „Leadership" Eingang in den deutschen Management-Jargon gefunden. Es wird nicht immer das Gleiche darunter verstanden. Manche unterscheiden Management und Leadership so, dass Management bedeutet, etwas Bestehendes zu optimieren, Leadership jedoch heißt, eine Organisation zu neuen Zielen zu führen.

Meiner Meinung nach beinhaltete unsere Vorstellung von gutem Management jedoch schon immer, Unternehmen zu verändern und an neue Erfordernisse anzupassen. Den Begriff „Leadership" sollten wir daher für etwas anderes, etwas weniger Selbstverständliches reservieren. Für mich bedeutet Leadership im Gegensatz zu Management, in Menschen das Beste hervorzubringen. Es heißt, Menschen zu inspirieren und sie wachsen zu lassen. Der amerikanische Präsident Woodrow Wilson sagte, dass Führung darin besteht, Menschen aus ihrem alltäglichen Selbst in ihr besseres Selbst zu heben. Wenn wir das tun, fällt es uns auch leichter, mit diesen Menschen den schmerzhaften Weg einer großen Veränderung zu gehen. Wenn wir uns vorwärts bewegen sollen, tun wir dies – bildlich gesprochen – leichter, wenn wir fliegen, als wenn wir kriechen.

TRANSFORMIERENDE FÜHRUNG

Der amerikanische Historiker James MacGregor Burns untersuchte ausgiebig das Phänomen „Führung" in der Geschichte und legte eine der umfassendsten Studien dazu vor. Er zeigt uns, dass es zwei Arten von Führung gibt: *transaktionale* Führung und *transformierende* Führung. Transaktionale Führung ist ein wirtschaftlicher, politischer oder psychologischer Tausch. Durch den Tausch werden bestehende Bedürfnisse erfüllt. Es gibt ein gemeinsames Ziel – nämlich den Tausch –, aber keinen höheren Zweck, der den Führer und die Geführten zusammenhält. „Du gibst mir mein monatliches Gehalt und Sicherheit, und ich gebe dir dafür 37,5 Arbeitsstunden in der Woche" ist ein Beispiel für solch eine Transaktion. Auch Hitler führte seine Anhänger mit einer Transaktion, die die – in diesem Fall ausgesprochen niedrigen – Bedürfnisse des Führers wie der Geführten befriedigte.

Transformierende Führung (Leadership in meinem Sinne) bedeutet, dass der Führer bei den Geführten höhere Bedürfnisse weckt, die über einen Tausch hinausgehen. Er macht seiner Gefolgschaft bewusst, was sie eigentlich fühlt. Er macht ihr bewusst, welches ihre wahren Ideale und Hoffnungen sind, und macht ihr deutlich, wie weit die Realität davon entfernt ist. Er weckt in ihr den Wunsch, etwas für einen höheren Zweck und für die Allgemeinheit zu tun. Transformierende Führung hebt die Geführten auf eine höhere Stufe und mobilisiert ihre emotionale Energie.

Ein gutes Beispiel für transformierende Führung ist die Rede, die John F. Kennedy bei seiner Amtseinsetzung gehalten hat. Kennedy mag in seiner Amtsführung Fehler gemacht haben, doch seine Antrittsrede war eine herausragende Leistung. Und für seine Vision wird er heute noch erinnert und anerkannt. In dieser Rede entwirft Kennedy das Bild einer besseren Welt, zu der Amerika beitra-

FÜHREN MIT VISIONEN

gen will: eine Welt, die frei ist. Eine Welt, in der sich die beiden Machtblöcke zusammentun, um „die Wunder der Wissenschaft zu fördern, die Sterne zu erkunden, die Wüsten zu erobern, Krankheit auszumerzen, die Tiefen des Ozeans zu erforschen und Kunst und Handel zu fördern". Eine Welt, „in der die Starken gerecht und die Schwachen sicher sind und in der der Friede bewahrt wird". Und er verspricht den „Menschen in den Hütten und Dörfern um die halbe Erde, die kämpfen, um die Fesseln des Massenelends zu sprengen, dass wir ihnen helfen werden, sich selbst zu helfen, für welche Zeit auch immer es notwendig sein mag".

John F. Kennedys Rede hatte eine unmittelbare Wirkung. Viele junge Amerikaner meldeten sich freiwillig zur Mitarbeit bei der Entwicklungshilfeorganisation Peace Corps, die Kennedy mitgegründet hatte und die sein Schwager leitete. Sie waren bereit, für sehr wenig Geld zu arbeiten, denn die Philosophie des Peace Corps gebot, dass Entwicklungshelfer nicht mehr Geld haben sollten als diejenigen, denen sie halfen.

Stichhaltiger ist vielleicht ein wissenschaftliches Experiment, das später an der Harvard-Universität mit Kennedys Rede gemacht wurde. Man bildete zwei Gruppen von Studenten und gab ihnen die Aufgabe, ihre Ziele, Hoffnungen und Träume für ihr Leben in einem Aufsatz darzustellen. Der einen Gruppe spielte man zuerst eine Aufnahme mit Kennedys Antrittsrede vor. Die andere bekam einen anderen, belanglosen Film gezeigt. Das Resultat war, dass die Studenten aus der Gruppe, die Kennedys Rede gesehen hatte, in ihren Zielen zum einen mutiger und zum anderen mehr auf das Allgemeinwohl bezogen waren.

Dieses Experiment zeigt gut, was Leadership bewirkt. Der Führer erzählt seine Vision und trifft auf Resonanz. Dadurch werden auch die Geführten stimuliert zu träumen. Und Menschen wachsen an ihren Träumen.

EIN ANLIEGEN HABEN

Damit wir mit unserer Vision einen ähnlichen Effekt erzielen, müssen wir diese Vision sehr gut kennen. Wir müssen uns unserer Ideale bewusst sein und diese vor allem fühlen. Wir müssen etwas Wertvolles erschaffen wollen. Wir müssen ein Anliegen haben, für das wir andere begeistern wollen. Oft wird Augustinus zitiert, der sagt, dass wir ein Feuer nur dann in anderen entzünden können, wenn es in uns selber brennt. Das stimmt zwar, doch muss unser Feuer eine bestimmte Qualität haben. Wenn es nur für die Interessen unseres Unternehmens brennt, dann werden wir nichts entzünden. Das Ziel, zu wachsen und den eigenen Marktanteil zu erhöhen, löst kein Gefühl aus und entfaltet keine Kraft in den Herzen unserer Mitarbeiter. In uns muss ein Feuer für einen höheren Zweck brennen, einen Zweck, der die geschäftlichen Interessen von uns und unserem Unternehmen übersteigt. Die Franzosen sind mit ihrer Ausdrucksweise näher an der Realität. Denn das, was brennen soll, nennen sie „feu sacré".

Meine Beobachtungen haben mir gezeigt, dass viele Führungskräfte sich ihres Anliegens und ihrer Ideale nicht bewusst sind. Tief in ihnen steckt zwar der Wunsch, etwas Großartiges und Wertvolles zu erschaffen, doch sie spüren diesen Wunsch zu wenig. Sie gestehen ihn sich nicht zu. Sie verdrängen ihre Ideale. Sie sind verkopft und ohne Sehnsucht – und damit fern von ihrer wahren Vision.

Andererseits hatten viele bedeutende Unternehmer ein Anliegen, das ihnen wichtig war. Konosuke Matsushita wollte, wie bereits beschrieben, preiswerte Konsumgüter der ganzen Welt verfügbar machen. Und dieses Anliegen passte in die Zeit, in der es entstanden ist. Illustrativ ist auch die Geschichte von Gottlieb Duttweiler, dem Gründer des heute marktbeherrschenden Schweizer Lebensmittelhändlers Migros. Duttweiler war bis zu seinem 34. Lebensjahr bei einem Lebensmittelimporteur tätig. Dieser ging in der Wirtschaftskrise nach dem Ersten Weltkrieg bankrott. Duttweiler wanderte dann aus und war für zwei Jahre Farmer in Brasilien. Wieder zurück in der Heimat, wurde ihm klar, wie teuer die Lebensmittel in der Schweiz für die Endverbraucher waren. Er hatte schließlich erfahren, wie wenig die Farmer und die Importeure dafür bekamen. Er begriff, wie unwirtschaftlich und unprofessionell der Einzelhandel arbeitete. Und damit hatte er sein Anliegen. Er wollte Lebensmittel verbilligen, er wollte sie durch kürzere und bessere Lagerung frischer zu den Kunden bringen und er wollte sie hygienischer verpacken. Er wollte sogar, der damaligen Zeit weit voraus, zu einer gesundheitsbewussteren Ernährung der Schweizer Bevölkerung beitragen. 1925 gründete er die Migros.

Duttweiler verringerte die Handelsspanne auf ein Drittel des vorher Üblichen. Er suchte und fand neue Methoden der Lagerung. Bereits 1930 führte er bei der Migros freiwillig den Datumsstempel für verderbliche Ware ein. Er propagierte natürliche und gesunde Lebensmittel und verzichtete auf den Verkauf von Alkohol. Kleinbauern unterstützte er durch Abnahmegarantien. Es war ihm wichtig, dass viel im Inland produziert wurde. Die Migros wurde zuerst stark bekämpft und von Lieferanten boykottiert, doch sie wuchs und wuchs und dominierte am Ende den Markt.

Duttweiler engagierte sich dann noch in der Erwachsenenbildung und gründete die Migros-Klubschule und den Schweizer Buchclub. Er finanzierte Konzerte und unterstützte den Schweizer Film – mehrere Jahrzehnte bevor das Sponsoring allgemein entdeckt wurde. Er gründete schließlich eine Reihe weiterer Unternehmen in Branchen, deren Leistungen aus seiner Sicht ebenfalls zu teuer waren. Einmal kaufte er eine beinahe bankrotte Apfelsaft-Fabrik, weil er erkannte, dass Apfelsaft ein gutes und gesundes Getränk ist. Bis zu diesem Zeitpunkt wurde er in der Schweiz kaum getrunken. Durch die Aktivitäten der Migros versechzigfachte sich dann der Apfelsaftkonsum in der Schweiz binnen eines Jahrzehnts. 1941 verwandelte Duttweiler die Migros in eine Genossenschaft und schenkte sie seinen Kunden.

Gottlieb Duttweiler war erfüllt von einem Anliegen. Er hatte seinen Feldzug und konnte damit andere inspirieren. Es war ihm, wie er es selbst formulierte, wichtig, „das aus dem Herzen kommende Unbewusste oder Halbbewusste immer bewusster zu gestalten". Er wollte seine Vision und seine Werte besser kennen lernen und verwirklichen. Jungen Kaufleuten riet er, sich einen größeren Zweck zu Eigen zu machen, auch wenn sie zuerst dafür verlacht würden.

Derjenige, der ein Anliegen hat und etwas verbessern will, hat oft Gegner, die es lieber wollen, dass alles beim Alten bleibt. Er wird persönlich angegriffen. Und damit wird ihm geholfen. Denn die Angriffe schmieden die eigenen Mitarbeiter zusammen. Sie mögen von Wettbewerbern und Lieferanten kommen oder von Kollegen aus anderen Teilen des Unternehmens – die Wirkung ist die gleiche. Das erfuhr Duttweiler und er war seinen Gegnern schließlich dankbar.

Ähnlich erging es in den USA auch Arthur L. Williams. Er fand heraus, dass Lebensversicherungen für die Kunden zu teuer sind. Denn in den USA wurden früher fast nur Kapital-Lebensversicherungen mit relativ niedriger Verzinsung angeboten. Todesfallversicherungen gab es zwar, doch sie wurden von den Vertretern und Maklern verschwiegen. Denn man konnte an ihnen nicht so gut verdienen. Williams entdeckte sein Anliegen, als sein Vater frühzeitig starb, während er selbst noch auf dem College war. Die nun fällige Versicherungssumme reichte bei weitem nicht als Ersatz für das Familieneinkommen. Er lernte, dass sein Vater viel günstiger mit einem System gefahren wäre, das in den USA „Todesfallversicherung und Investieren der Differenz" heißt. Dieses System hätte es seinem Vater ermöglicht, den Todesfall höher abzusichern und die Differenz zur Prämie einer Kapital-Lebensversicherung in einen Sparvertrag mit höherer Verzinsung zu investieren. Er hätte dann für das gleiche Geld mehr bekommen.

Das Ende einer langen Geschichte ist, dass die von Williams später gegründete Firma A. L. Williams heute im Lebensversicherungsgeschäft mehr als dreimal so groß ist wie der vorherige Marktführer Prudential. Wie die Migros wurde sie anfänglich vom Wettbewerb mit unfairen Mitteln bekämpft. Doch heute schließt sie in jedem Jahr Lebensversicherungen in einem Wert von mehr als 100 Milliarden US-Dollar ab. Williams hat innerhalb von zehn Jahren den Markt völlig umgekrempelt, weil er das Anliegen hatte, seinen Kunden zu helfen und günstigere Lebensversicherungen zu verkaufen. Bemerkenswert ist dabei, dass zahllose andere Anbieter der gleichen Branche dieses Anliegen nicht hatten. Das wirft ein Licht darauf, wie sehr wir unsere Kunden lieben. Sie sind uns, erschreckenderweise, oft ziemlich egal.

Wer wie Williams eine erfolgreiche Vertriebsorganisation für Versicherungen aufbaut, muss es meisterhaft verstehen, seine Verkäufer zu großem Einsatz zu stimulieren. Denn Versicherungen an Privatleute zu verkaufen, ist ein hartes Geschäft, das täglich viel Überwindung erfordert. Williams selbst schreibt, dass sein Anliegen ihm sehr geholfen hat, gute Mitarbeiter zu gewinnen und zu motivieren. Er konnte seinen Verkäufern einen Sinn geben, etwas, das sie beflügelte. Er vermochte sie mit einem höheren Zweck zu inspirieren. Einen solchen höheren Zweck muss unsere Vision enthalten, wenn wir Leadership ausüben und in Menschen das Beste hervorbringen wollen.

Wenn wir Menschen mit einem Anliegen inspirieren wollen, brauchen wir nicht nach einer so spektakulären Produkt- oder Leistungsverbesserung suchen, wie sie sich Duttweiler oder Williams auf ihre Fahnen geschrieben hatten. Wichtig ist, dass wir den Kunden und der Allgemeinheit wirklich dienen wollen und dies nicht einfach nur sagen. Wollen Sie sich, lieber Leser, einmal selbst überprüfen, ob das bei Ihnen der Fall ist? Wissen Sie, welche mentalen Prozesse in Ihnen ablaufen, wenn Sie Ihre Kunden tatsächlich lieben? Sie sehen dann nämlich vor Ihrem inneren Auge Bilder von Kunden, die begeistert sind, die Sie loben und die Ihnen überschwenglich danken. Oder Sie hören, wenn Sie ein auditiver Typ sind, innerlich, wie Kunden in dieser Weise reden. Entsprechendes gilt für die Mitarbeiter und für überhaupt alle „Betroffenen" Ihrer Organisation. Wenn Sie solche inneren Bilder oder auditiven Eindrücke nicht haben, dann besteht in Ihnen keine Sehnsucht, kein echtes Anliegen. Beginnen Sie also zu imaginieren (visionieren), was Sie für die Menschen in Ihrem Umfeld erschaffen wollen! Ihr Wunsch, den Kunden, Mitarbeitern und der Allgemeinheit zu dienen, wird sich entwickeln und Sie werden unmerklich beginnen, anders darüber zu reden und andere mehr zu berühren.

FÜHREN MIT VISIONEN

Wenn wir ein Unternehmen leiten, dann sollten wir für dieses Unternehmen ein übergeordnetes Anliegen (als Leitmotiv der Vision) formulieren und dieses Anliegen allen Mitarbeitern bekannt machen. Viele japanische Unternehmen sind uns dabei weit voraus. Matsushita hat als sein oberstes Ziel formuliert:

> „Durch unsere industriellen Aktivitäten wollen wir den Fortschritt fördern, zum allgemeinen Wohl der Gesellschaft beitragen und uns der weiteren Entwicklung der Weltkultur widmen."

Solche Aussagen werden allerdings rasch als Schwindel entlarvt, wenn die Mitarbeiter spüren, dass das Management sich nicht wirklich mit jeder Faser nach ihrer Verwirklichung sehnt.

EIN WERT-VOLLES UNTERNEHMEN SCHAFFEN

Wenn wir wie Duttweiler das Unbewusste und Halbbewusste in unserem Herz erforschen, dann werden wir feststellen, dass wir eine Organisation erschaffen wollen, die unseren Idealen entspricht. Wir wollen darauf hinwirken, dass darin hohe Werte gelebt werden.

Betrachten wir jedoch die Wertsysteme, die heute von Unternehmen in Leitbildern, Philosophien, Grundsätzen etc. verkündet werden (ganz abgesehen von dem, was tatsächlich gelebt wird), dann müssen wir feststellen, dass diese Werte zwar alle in die richtige Richtung gehen, doch insgesamt zu dürftig sind. Es sind zweckrationale Werte, die aus dem Kopf kommen. Regelmäßig finden wir heute Werte wie:

- ◆ Kundenorientierung
- ◆ Service
- ◆ Qualität
- ◆ null Fehler
- ◆ Effizienz

- kontinuierliche Verbesserung
- Innovation
- abteilungsübergreifende Zusammenarbeit

An diesen Werten ist nichts falsch. Sie müssen in jedem Unternehmen gelebt werden. Und daher ist es richtig, sie zu propagieren. Dennoch spüren die Mitarbeiter, denen wir etwas zu diesen Werten sagen, dass sie für uns nur instrumentellen Charakter haben. Sie sind uns (meistens) nicht per se wichtig, sondern weil sie zum Erfolg des Unternehmens beitragen. Sie haben keinen warmen Klang – mit Ausnahme von „Qualität" und „Innovation". Das heißt, wenn wir solche Werte hören oder lesen, wird kein positives, erhebendes Gefühl ausgelöst. Sie taugen nicht dazu, Menschen zu inspirieren. Sie sind noch keine Ideale.

Dabei gibt es zu jedem der genannten Werte Ideale, die diesen Wert und noch viel mehr beinhalten. Nehmen wir zum Beispiel das Ideal Einfachheit. Einfachheit umfasst Effizienz – und mehr. Denn wenn wir uns Einfachheit wünschen, dann soll sich diese Einfachheit in allem zeigen: in jedem Ablauf, in jeder technischen Lösung, in jedem Memo, in jedem System, in der Organisation – in schlichtweg allem. Es soll dann nichts Unnötiges getan und nichts verschwendet werden, weder menschliche Energie noch Material noch Geld. Unter dem Gebot der Einfachheit sind die Entscheidungswege kurz, die Hierarchien flach, die Memos prägnant, die Zahl der Organisationsanweisungen gering, die Planungsunterlagen dünn, die Abläufe straff und die Produkte technisch elegant. Zu Meetings gehen nur die Leute, die dort gebraucht werden. Doch Einfachheit reicht noch tiefer. Wenn wir den Wunsch nach Einfachheit in uns spüren, wollen wir auch selbst einfach sein. Wir wollen unnötige Gedanken weglassen, wir wollen uns nicht mit unnötigen Gegenständen belasten, wir wollen ausmisten und Ordnung schaffen in unserem Büro, unserer Firma, unserem Haus wie in uns selbst. Wir wollen mit leichtem Gepäck reisen. Wenn wir diese Einstellung haben und dann unseren Mitarbeitern etwas von Einfachheit erzählen, dann spüren diese, dass dieses Ideal aus unserem Innern kommt. Sie beginnen mit offenen Ohren zuzuhören. Reden wir nur über Effizienz, dann klappen die gleichen Ohren zu.

Der Mangel an Einfachheit und das Übermaß an unnötiger Kompliziertheit sind eine Seuche in unseren Unternehmen. Wenn Einfachheit ein Ideal unserer Manager gewesen wäre, dann müssten wir nicht heute mühsam Leanmanagement lernen. Wir wären schon „lean" und hätten bereits alle Abläufe vereinfacht. Doch leider hatten wir keinen Kontakt zu unserer tieferen Sehnsucht und damit zu unserer Vision.

Neben der Einfachheit gibt es weitere hohe Werte, die es lohnt, in einem Unternehmen zu leben. Matsushita hat beispielsweise in seinen Grundsätzen festgelegt:

- Streben nach Vervollkommnung
- Fairness
- Gerechtigkeit
- Harmonie
- Vertrauen
- Respekt
- Bescheidenheit und
- Dankbarkeit

Andere Ideale sind:

- Offenheit
- Freude
- Hilfsbereitschaft
- Mut
- Hingabe
- Toleranz
- schöpferisches Tun
- Gemeinschaftsgeist
- Gleichheit und
- Ehrlichkeit

All diese Worte lösen bei Menschen etwas aus, wenn sie sie hören. Sie bringen eine innere Saite zum Klingen. Dagegen lösen die zweckrationalen Werte wie *Service* oder *Effizienz*, die wir üblicherweise propagieren, nichts aus. Sie klingen kalt. Aber, lieber Leser, Sie merken sicher auch, dass die wärmer klingenden, höheren Werte nicht die Sprache sind, die in unseren Unternehmen gesprochen wird. Wer etwas von *Liebe* sagt, wird als Wesen von einem anderen Planeten betrachtet; dabei ist die Liebe zu unseren Kunden, unseren Produkten, unserer Arbeit und unseren Kollegen etwas sehr Wichtiges. Wir sind einer kühlen, technokratischen Sprache und einem ebensolchen Denken verhaftet und fragen uns, wieso wir unsere Mitarbeiter nicht zu inspirieren vermögen. Wenn wir nur von *Kundenorientierung* oder *Kundenzufriedenheit* sprechen, spüren unsere Mitarbeiter, dass wir nichts dabei fühlen. Wenn wir von begeisterten, dankbaren und uns vertrauenden Kunden sprechen, dann wird uns eher abgenommen, dass das unser wirklicher Wunsch ist. Die Mitarbeiter ahnen dann, dass wir entsprechende Bilder tatsächlich vor Augen haben.

Ich selbst liebe besonders den Wert *Streben nach Vollkommenheit*. Es ist der zentrale Wert des japanischen Keramik-Konzerns Kyocera. *Qualität* hat durchaus schon einen warmen Klang, doch Streben nach Vollkommenheit reicht weiter und tiefer. Die Suche nach Vollkommenheit beinhaltet Qualität, Innovation, Kundenorientierung und guten Service. Sie verlangt, mit jedem Arbeitsschritt, mit jedem Produkt, mit jedem neuen System und mit jeder menschlichen Begegnung etwas Vollkommenes zu schaffen – ohne perfektionistisch zu sein. Und nicht zuletzt umfasst das Streben nach Vollkommenheit auch die Vervollkommnung von uns selbst. Der Weg zur Vollkommenheit ist eine unendliche Reise. Man kann immer noch weiter gehen. Und jede echte Vision ist der Traum von etwas Großartigem, ungemein Wertvollem und Vollkommenem. Wenn die Suche nach Vollkommenheit etwas ist, das wir fühlen, wenn wir also innere Bilder von Vollkommenheit haben und uns unser Unternehmen beispielsweise als hell leuchtendes Juwel vorstellen, werden das unsere Mitarbeiter merken. Wenn wir sie nur mit dem Kopf propagieren, brauchen wir uns über mangelnde Resonanz nicht zu wundern.

MENSCHEN WEITERBRINGEN

Wenn wir weiter fragen, was unser visionäres Anliegen sein könnte, entdecken wir vielleicht, dass wir als Führungskräfte Menschen wachsen lassen wollen. Wir wollen sie für einen höheren Zweck und höhere Werte begeistern und ihnen eine sinnvolle Lebensperspektive vermitteln. Wir wollen, dass sie die ihnen selbst innewohnenden Möglichkeiten entdecken und realisieren. Wir wollen ihnen helfen, ihre eigene Vision zu finden und zu verwirklichen. Und wir wollen ihnen etwas von den Wahrheiten des Lebens, die wir entdeckt haben, mitgeben. „Die in jedem Menschen schlummernden schöpferischen Fähigkeiten wach zu halten, zu hegen und zu fördern zur Zukunftssicherung des Ganzen, ist die vornehmste Arbeit des freien Unternehmers", schreibt der St. Galler Textil-Unternehmer Robert J. Schläpfer (1988).

Eine ganze Reihe großartiger Unternehmer wollten – jeder auf seine Art – Menschen wachsen lassen und ihnen eine geistige, wenn nicht sogar spirituelle Perspektive vermitteln. Duttweiler schrieb, je älter er wurde, immer mehr darüber, wie wichtig es ist, einen Traum zu haben, an etwas zu glauben, Sehnsüchte zu haben, nach seinem Herzen zu handeln, Sammlung und Besinnung zu finden, auf Gott zu vertrauen und so fort. Arthur L. Williams wollte seinen Mitarbeitern zeigen, dass sie alle großartige Verkäufer und sehr erfolgreich sein können. Er schrieb sogar ein Buch darüber, das viele Monate auf den amerikanischen Bestsellerlisten stand. Darin vertritt er im Wesentlichen die gleiche Botschaft wie Duttweiler.

Diese Botschaft verkündet auch John Marks Templeton. Templeton gründete 1954 eine Investment-Fonds-Familie, die zu einer der erfolgreichsten der Welt geworden ist und heute mehr als 40 Milliarden US-Dollar verwaltet. Kein Fonds der Welt hat über vier Jahrzehnte hinweg eine höhere durchschnittliche Performance aufzuweisen als der Templeton Growth Fund. Auch Templeton schrieb, um seine Mitarbeiter, Anleger und viele andere Menschen zu inspirieren und weiterzubringen, ein geistig hoch stehendes Buch. Er vermittelt darin, wie auch Duttweiler und Williams, eine Lebensphilosophie. Und diese Vermittlung einer Lebensphilosophie ist vielleicht tatsächlich die höchste Aufgabe desjenigen, der Leadership ausüben will.

Robert J. Schläpfer lädt seine Mitarbeiter zu „Sinn-Werkstätten" in ein Bergbauern-Dorf ein. Seminare wie diese können in der Tat viel dazu beitragen, Mitarbeitern ihre Ideale und den Sinn ihres Daseins bewusst zu machen und ihre Lebensenergie zu stimulieren. Wir werden in dieser Richtung in den kommenden Jahren ganz sicher viel mehr unternehmen als bisher. Wir werden erkennen, dass wir unseren Mitarbeitern die grundlegenden Wahrheiten des Lebens vermitteln und ihnen dabei helfen müssen, ihre eigenen inneren Standards zu erkennen, wenn wir wollen, dass sie sich wirklich voll und ganz in die gemeinsame Sache einbringen.

Die Vision des wahren Führers besteht also nicht darin, eine Gefolgschaft im traditionellen Sinne an sich zu binden. Er möchte nicht Abhängige haben, die ihm einfach folgen. Vielmehr will er, dass die Menschen, die er führt, selbst zu einer Stimme werden und nicht ein Echo bleiben. Seine Vision ist der Traum von einer Organisation oder Gemeinschaft, in der im besten Falle alle führen und alle sich die Verwirklichung der gemeinsamen Vision und der gemeinsamen Werte aufrichtig wünschen. Der Führer verkauft nicht seine Vision, sondern er macht allen die gemeinsame Vision bewusst. Und oft ist er nicht der Einzige in seiner Organisation, der das tut.

DIE VISION VON FÜHRERN **KAPITEL** 3

DARÜBER REDEN, WOFÜR MAN STEHT

Selbst wenn wir ein Anliegen und Ideale haben, reden wir oft nicht darüber. Martin Luther King beobachtete: „Menschen fürchten nichts mehr, als eine Stellung zu beziehen, die sich klar und deutlich von der vorherrschenden Meinung unterscheidet. Sie bemühen sich, eine Ansicht zu vertreten, die so populär ist, dass sie jedermann teilt. Viele Menschen, die hohe und edle Ideale anerkennen, verbergen dies sorgfältig, weil sie fürchten, als anders zu gelten."

Wir fürchten auch, verletzt und abgelehnt zu werden, und sagen deshalb nicht, wofür wir stehen. Stellen Sie sich vor, Sie sagen jemandem, dass Ihr Unternehmen neben dem Geldverdienen auch noch einen höheren Zweck verfolgt, und der andere reagiert verständnislos und ablehnend. Sie werden sich nicht gut fühlen. Sie haben sich schließlich für einen Moment geöffnet und etwas Persönliches von sich gegeben. Für die meisten ist die Konsequenz daraus, sich gar nicht erst zu öffnen.

Wenn wir Leadership ausüben wollen, müssen wir trotzdem über unser Anliegen und unsere Ideale reden. Wir müssen den Mut haben, offen zu dem zu stehen, was wir denken und fühlen. Nur so können wir schließlich bei anderen Resonanz auslösen. Wir werden, wenn wir offen sind, auch abgelehnt werden und uns verletzt fühlen. Denn nicht jeder reagiert auf das, was wir sagen. Viele sind gleichgültig. Wir müssen uns klar machen, dass das normal ist und dass nicht jeder unsere Ideale teilt. Doch bei anderen Menschen – und zwar bei der Mehrheit – werden wir umso mehr erreichen. Bei ihnen werden wir eine Saite zum Klingen bringen, wenn wir über das sprechen, was uns wirklich wichtig ist. Wir machen ihnen höhere Bedürfnisse bewusst und wirken im Sinne von James MacGregor Burns transformierend.

KAPITEL 4

Visionen im Unternehmen

- **„Die wahre Wirklichkeit, jene, die andere Fantasie nennen, ist von**
- **zuverlässigerer Dauer als das bloße geschäftliche Denken des**
- **Tages."**
- *Gottlieb Duttweiler*

Schriftsteller beschäftigen sich nur selten mit dem Thema Führung. Eine Ausnahme ist Antoine de Saint-Exupéry mit „Die Stadt in der Wüste" (das ich in diesem Buch noch häufig zitieren werde). Darin lässt er den Herrscher eines Wüstenreiches über eine Rede zu seinen Generälen berichten:

> „So werdet ihr den Krieg verlieren, sagte ich ihnen, weil ihr nach nichts Verlangen tragt. Keine Neigung spornt euch an. Und ihr arbeitet nicht zusammen, sondern richtet euch mit euren unzusammenhängenden Entscheidungen gegenseitig zugrunde. Seht den Stein, wie er lastet. Er rollt dem Grunde der Schlucht zu. Denn er besteht aus der Zusammenarbeit all der Staubkörner, aus denen er geformt ist und die alle dem gleichen Ziel zustreben. Seht das Wasser im Behälter. Es drückt gegen die Wände und wartet eine Gelegenheit ab. Denn es kommt der Tag, an dem sich die Gelegenheiten darbieten. Und das Wasser drückt unermüdlich Tag und Nacht."

In Unternehmen brauchen wir Vision, damit das Verlangen und die Neigung entstehen. Vor allem unser oberstes Managementteam muss zu dem Stein werden, dessen Staubkörner alle dem gleichen Ziel zustreben. In ihm muss Konsens herrschen über das, was wir langfristig gemeinsam erreichen wollen. Sonst verschwenden wir unsere Kräfte durch unnötige Friktionen und behindern uns durch unzusammenhängende Entscheidungen.

Eine gemeinsame Vision integriert ein Führungsteam. Sie lässt seine Mitglieder sich in ihren Zielen, Hoffnungen und Idealen vereinen. Nur wenn wir das Gefühl haben, dass unsere Kollegen unsere Wünsche und Ideale teilen, fühlen wir uns ihnen wirklich nah, fühlen wir uns als Team. Daher darf die Vision nicht vom obersten Chef allein kommen, sondern muss gemeinsam im Geschäftsleitungsteam gefunden werden.

Saint-Exupéry lässt den weisen Herrscher in seiner Ansprache die Feinde des Landes mit Wassermassen vergleichen, die heftig gegen die Wände des Reiches drücken:

> „[Diese ...] werden es auch ohne Verwaltungsbeamte fertig bringen, euch in ihren Fluten zu ertränken. Hinterher werden dann eure Geschichtsschreiber, die noch dümmer sind als ihr selber, die Ursachen der Katastrophe erklären. Sie werden die Mittel des Gegners, die zum Erfolge führten, Weisheit, Berechnung und Wissenschaft nennen. Ich aber sage euch, dass dem Wasser weder Weisheit noch Berechnung noch Wissenschaft eignen, wenn es die Deiche durchbricht und die Städte der Menschen verschlingt."

Die dummen Geschichtsschreiber gibt es auch heute in Scharen. Die Erfolge von Unternehmen werden deren Weisheit, Berechnung und Wissenschaft zugeschrieben. Diese kommen bloß in moderner Verkleidung daher: Strategie, Marketing, TQM, Kaizen, Reengineering, Benchmarking – was immer Sie wollen. All diese Instrumente und Methoden sind zweifellos wertvoll, doch sie sind nicht die eigentliche Ursache des Erfolgs. Diese Ursache liegt jenseits rationaler Konzepte und Methoden. Sie besteht in der Vision, dem Glauben und der Lebensenergie der Führungsspitze des Unternehmens, in deren visionärer Kraft. Und diese lässt sich entfalten.

FÜHREN MIT VISIONEN

Wenn die visionäre Kraft da ist, dann „drückt das Wasser unermüdlich gegen die Wände des Behälters und wartet eine Gelegenheit ab". Und „es kommt der Tag, an dem sich die Gelegenheiten darbieten". Wir finden alle nötigen Konzepte, Strategien und Methoden. Wir gewinnen auf dem Weg neue Erkenntnisse und machen Entdeckungen, die uns weiterhelfen. Uns fallen Zufälle zu, die keine sind. Die richtigen Mitarbeiter finden zu uns, die richtigen Kunden, die richtigen Aufträge und so fort. Wenn ein Geschäftsleitungsteam an seine Vision glaubt (respektive lernt, immer mehr daran zu glauben), dann wird sie sich auch erfüllen. Ganz gleich wie schwierig, vertrackt und ausweglos die Situation heute erscheint. Geduld muss dieses Team allerdings mitbringen und arbeiten muss es auch.

Führungsteams, die ihr Unternehmen aufblühen lassen wollen, kommen nicht umhin, ihre Vision gemeinsam zu entdecken. Sie sollten sich ihrer wirklichen Ziele, Hoffnungen und Ideale bewusst werden. Sie sollten ihre eigenen Ängste, Zweifel und Blockaden erkennen und lernen, sie loszulassen. Sie sollten urvertrauend-optimistisch werden und die Zukunft lieben lernen. Sie sollten dahin kommen, ihre Arbeit als heiteres Spiel zu verstehen, das bei allen Schwierigkeiten und Rückschlägen doch nur ein Ergebnis haben kann: Die Vision, die sie innerlich ersehnen (die also authentisch und nicht einfach nur eine fixe Idee ist), wird sich erfüllen. Daher können wir über die heutigen Probleme auch getrost lächeln.

Wir sollten auch verstehen, dass dann, wenn wir eine Vision haben und lernen, an sie zu glauben, alles, was passiert, uns hilft, diese Vision zu realisieren. Auch die Dinge, die uns ärgern, helfen uns in Wirklichkeit.

Die Visionsarbeit in der Führungsspitze ist die wichtigste, denn von dieser hängt alles andere ab. Und wenn die Vision in der Führungsspitze wirklich stark ist, dann wird es leicht sein, auch den Rest der Organisation für die Vision zu gewinnen.

WAS BEWIRKT DIE VISION FÜR DIE MITARBEITER?

Den Mitarbeitern vermittelt eine Vision Sinn, sie gibt ihnen einen edlen Zweck. Während Strategien und Ziele nur an den Kopf appellieren, vermögen Visionen zu inspirieren und zu einer Kraft in den Herzen der Mitarbeiter zu werden. Sie schaffen „spirit", vitalisieren, geben Energie. Sie üben einen Sog aus und erzeugen Lust auf Zukunft. Ein Flugzeug fliegt primär aufgrund des Sogs oberhalb der Tragflächen und nicht aufgrund des Drucks von unten. Auch Unternehmen „fliegen" aufgrund eines Sogs, der von „oben" kommt.

Eine Vision gibt den Mitarbeitern eine langfristige Ausrichtung. Die meisten Menschen denken nicht weit in die Zukunft; das wurde empirisch erforscht. Gar nicht so wenige denken nicht weiter als ein Jahr voraus. Andere haben vielleicht Ziele für drei, fünf oder sieben Jahre. Die wenigsten haben eine Perspektive von zwanzig Jahren. Als Regel gilt, dass die Erfolgreichen eine langfristigere Perspektive haben als die weniger Erfolgreichen und dass sie dadurch motivierter sind. Eine Vision vermag auch die Aufmerksamkeit eher kurzfristig orientierter Mitarbeiter auf ein langfristiges Ziel zu lenken und ihnen ein Gefühl für Richtung geben. Sie vermindert damit Ängste und stärkt die Motivation.

Normalerweise geben wir unseren Mitarbeitern nur zeitlich begrenzte Ziele vor – und selbst das nicht immer. Solche Ziele sind überaus wichtig, doch ohne Vision haben sie einen Nachteil: Wenn man das Ziel erreicht hat, kann man seine Hände in den Schoß legen. Man hat ja seine Pflicht getan. Eine Vision reicht über solche Ziele hinaus. Man muss immer weiter an der Vision arbeiten, denn sie beschreibt einen Idealzustand, dem wir uns immer noch mehr nähern können. Die derzeit viel beschworene lernende Organisation, die alles im Kaizen-Sinne kontinuierlich verbessert, können wir nur erschaffen, wenn wir sie mit einer Vision durchdringen. Heute sagen wir den Mitarbeitern oft, dass sie alles immer weiter verbessern sollen. Wenn im Unternehmen eine Vision wirklich lebendig wäre, bräuchten wir das nicht mehr zu tun. Es würde von alleine geschehen (sofern strukturelle Faktoren es nicht behindern).

Heute sind die Mitarbeiter und auch viele Führungskräfte oft hypnotisiert von Problemen, die ihre Abteilung oder das Unternehmen hat. Die Vorstellung einer wünschenswerten Zukunft reduziert sich darauf, dass dann die Probleme nicht mehr da sind. Was statt dessen im Idealfall da sein soll, ist als Ziel nicht bewusst. Probleme, die so gesehen werden, belasten und deprimieren. Sie erzeugen zwar eine gewisse Art von Motivation, jedoch keine Energie. Es ist nicht befriedigend, immerfort nur Probleme zu lösen. Mit einer Vision lässt sich nun die Aufmerksamkeit der Mitarbeiter weg von der ausschließlichen Problemfixierung auf das Potenzial des Unternehmens lenken. Es begeistert, auf einen Idealzustand, auf das höchste Potenzial hinzuarbeiten.

Eine Vision wirkt auf die Mitarbeiter als integrierende Kraft. Sie ist das Ziel, das alle wollen. Sie ist das Ziel, für das es sich lohnt, zusammenzuarbeiten, Opfer zu bringen, Wünsche aufzuschieben, Gewohnheiten aufzugeben und Veränderungen zu akzeptieren. Kürzerfristige Ziele werden oft nicht einhellig akzeptiert. Die langfristige Vision muss in einer Weise entstehen, die gewährleistet, dass sie von allen akzeptiert und von den meisten aktiv unterstützt wird.

Die amerikanische Beraterin Margaret Wheatley schreibt, dass wir mit Visionen im Unternehmen ein Energiefeld aufbauen können. Die Physiker lehren uns, dass die Welt aus Energiefeldern besteht. Nur mit diesen Feldern sind bestimmte Phänomene (im Mikrobereich der Quantenphysik wie im Makrobereich) zu erklären. Es handelt sich um Phänomene, bei denen Ursachen und Wirkungen räumlich so weit auseinander liegen, dass es keinen Einfluss im mechanischen Sinne geben kann. Es ist ein Feld im leeren Raum, das die Wirkungen erzeugt. Das Gravitationsfeld der Erde wirkt bis zum Mond und darüber hinaus, doch keiner kann erklären, wie. Wir wissen nicht, wieso Massen sich anziehen, wir wissen nur, dass sie es tun.

In Organisationen ist es sehr wichtig, ein Energiefeld aufzubauen, das starke Wirkungen auch über große räumliche Distanz hinweg ausübt. Die Führungsspitze managt die Qualität und Stärke des Energiefelds (die Lebendigkeit der Vision und Kultur) und das Energiefeld managt dann die Mitarbeiter. Wenn das Energiefeld da ist, wird es leichter, die Organisation zu führen. Viele Kontrollen sind nicht mehr erforderlich.

Wir brauchen ein starkes Energiefeld, weil es uns ermöglicht, Entscheidungskompetenzen zu dezentralisieren. Wir müssen heute mehr denn je dezentralisieren, um flexibel und kundennah reagieren zu können, um Veränderungen im Umfeld rasch parieren zu können und um unsere Mitarbeiter mehr zu motivieren. Anweisungen von oben sind immer weniger möglich, schon deshalb, weil sie Zeit brauchen. Um das Unternehmen trotzdem noch führen zu können, bedarf es einer gemeinsam getragenen Vision. Es könnte sich sogar negativ auswirken, Kompetenzen weitgehend zu dezentralisieren und keine gemeinsame Vision zu haben, die alle in die gleiche Richtung lenkt.

Neben den vielen positiven Wirkungen einer Vision gibt es auch eine (scheinbar) negative. Eine Vision erzeugt nicht nur Energie und Begeisterung, sie erzeugt auch Phasen des Zweifels und der Depression. Gerade wenn die Mitarbeiter sehr stark in die Visionsfindung einbezogen werden, entsteht am einen Tag Enthusiasmus und am nächsten Verzagtheit. Diese emotionalen Schwankungen sind jedoch normal. Wir haben sie als Individuen oft selbst, wenn wir persönlich eine sehr herausfordernde Vision verfolgen. Wichtig ist, dass die Vision als Sonne auch hinter der Wolke da ist. Die Wolke zieht wieder weiter und gibt den Blick auf die Sonne frei.

WAS IST EINE UNTERNEHMENSVISION?

Es reicht bei weitem nicht zu wissen, was eine Vision beinhaltet und wie sie beschaffen ist, um dann alleine oder mit Kollegen ein entsprechendes Papier zu verfassen. Wenn wir nicht richtig vorgehen, werden wir den Zugang zu unserer wirklichen Vision nicht finden und nur eine Kopfgeburt kreieren. In uns aber wird nichts wachsen. Doch zunächst beschreibe ich, wie das Ergebnis, die fertige Unternehmensvision, aussieht.

Eine Unternehmensvision ist ein Vorstellungsbild davon, wie das Unternehmen und sein näheres Umfeld in Zukunft einmal sein sollen. Sie ist idealistisch und strategisch, erhaben und profan, altruistisch und egoistisch zugleich. Sie beschreibt einerseits das Ideal, das das Unternehmen erreichen will, das höchste Potenzial, das in ihm steckt, ein Unternehmen mit mehr Leben, Energie und Qualität, das hohe Werte lebt, begeisterte Kunden hat und ein großartiger Platz zum Arbeiten ist. Sie beschreibt andererseits, was das Unternehmen bei seinen Kunden und im Markt erreicht haben will, wie es gewachsen sein will und wie seine Leistungen einmal sein sollen. Die Vision zeigt, welchen Nutzen das Unternehmen für andere, zum Beispiel die Kunden und die Allgemeinheit, schaffen will, aber auch, welchen Nutzen es für sich selbst schaffen will, zum Beispiel dass es gut verdienen will. Sie enthält Ideale, die ewig gelten, zum Beispiel „begeisterte Mitarbeiter", und Herausforderungen, die man irgendwann erreicht hat, sodass man dann wieder neue Herausforderungen braucht.

Eine Unternehmensvision wird nicht gemacht, sondern entdeckt. Sie wird ent-wickelt. Sie entsteht dadurch, dass die Beteiligten in sich hineinhorchen und herausfinden, was sie wirklich wollen. Wie auch bei einzelnen Menschen ist die

FÜHREN MIT VISIONEN

Vision bereits im kollektiven Bewusstsein des Unternehmens vorhanden. Denn die Menschen in einem Unternehmen sind nicht zufällig dort zusammen. Sie haben gemeinsame Neigungen und einen gemeinsamen Traum. Jeder der Mitarbeiter hat zwar (großenteils unbewusst) eine Vision für sich, doch Teile seiner Vision betreffen das Unternehmen, in dem er arbeitet. Wie eine Nation, so hat auch ein Unternehmen ein Bewusstsein, das alle Beteiligten miteinander verbindet. Es ist im Grunde eine lebendige, eigenständige Persönlichkeit. Die Larve der Unternehmensvision muss erst in diesem gemeinsamen Bewusstsein zum Schmetterling werden, bevor das Unternehmen der Schmetterling werden kann. Die Vision muss bewusst gemacht, formuliert und mit Energie aufgeladen werden. Bis sie so stark ist, dass sie trägt. Da sie authentisch ist, wird sie sich erfüllen.

Die Unternehmensvision entsteht zunächst in der Führungsspitze. Doch dann wird sie nicht nach unten verkauft oder gar durchgesetzt, sondern es wird ein Dialog über die Vision im Unternehmen eröffnet – auf eine Art und Weise, die jedem ermöglicht zu entdecken, was er sich für das Unternehmen wirklich wünscht. Denn die Vision ist nicht „Eigentum" der Führungsspitze, auch wenn sie von ihr stark geprägt wird. Sie ist das Eigentum aller. Die Führungsspitze hat nur die Funktion, den gemeinsamen Traum bewusst zu machen. Diese Sichtweise widerspricht nicht der Tatsache, dass es großartige Führer gab und gibt, die Menschen für eine Vision gewinnen. Führer wie Martin Luther King und Mahatma Gandhi spürten intuitiv, was die latente Vision ihrer Gefolgschaft war.

Und der Historiker James MacGregor Burns hat gezeigt, dass auch solche Führer von ihren Gefolgsleuten stark beeinflusst wurden. Führer und Geführte haben sich gegenseitig auf eine höhere Ebene gehoben. Wenn eine Vision in einer Gemeinschaft von Menschen wirklich lebendig ist, dann gibt es nie nur einen einzigen Visionär.

Gottlieb Duttweiler schrieb, dass es in der Migros viele Menschen gab, die sein Anliegen ebenfalls im Herzen trugen. Möglicherweise war Duttweiler in seinem Unternehmen aber derjenige mit der meisten Lebensenergie und der stärksten Intention. Und so sollte es sein: Die Führungsspitze ist der kraftvollste Bannerträger und der beste Artikulierer der gemeinsamen Vision.

Eine Unternehmensvision ist immer einzigartig, denn sie erwächst aus der Einzigartigkeit der Menschen, die in dem Unternehmen arbeiten. Wenn ein Teil der Mitglieder der Führungsspitze das Unternehmen verlässt und dafür andere kommen, dann ändert sich die Vision. Diese Änderung muss keine drastische sein. Die neuen Menschen werden aber neue Impulse mitbringen und die Vision des Unternehmens wird neue Facetten bekommen.

Die Unternehmensvision ist nicht in erster Linie ein Text auf Papier. Sie besteht vor allem aus den Bildern, die sich in den Köpfen und Herzen der Führungskräfte und Mitarbeiter des Unternehmens befinden und an die diese glauben. Allerdings brauchen wir auch einen Text, um gemeinsam präzise festlegen zu können, was unsere Vision ist. Und indem man die Vision schriftlich festlegt, lädt man sie schon ein Stück mit Energie auf.

Wenn wir einen Text formulieren, sollten wir dies in der Gegenwartsform tun. Wir schreiben nicht Absichtserklärungen wie „Wir wollen eine makellose Qualität erreichen". Wir schreiben vielmehr: „Unsere Vision ist: Alle unsere Produkte und Leistungen sind von makelloser Qualität." Wenn wir, wie das in Leitbildern und Unternehmensphilosophien fast immer geschieht, schreiben „Wir wollen …", „Unser Bestreben ist …", „Wir verfolgen das Ziel …" oder „Im Mittelpunkt unseres Handelns steht …", dann werden wir in einigen Jahren wahrscheinlich entdecken, dass wir immer noch nicht über das Wollen hinausgekommen sind. Das „Wollen" war ja die Vision und nicht das „Erreichen". Es kommt hinzu, dass wir bei Menschen, die einen Text mit „Wir wollen"-Aussagen lesen, nicht viel auslösen. Der Text perlt wie Wasser an ihnen ab. „Natürlich wollen wir", denken sie, „das Wollen verpflichtet uns ja zu nichts. Denn Wollen tun wir doch heute schon." Wenn die gleichen Menschen einen Text lesen, in dem in Gegenwartsform steht, wie die Zukunft sein soll, dann lösen wir etwa folgende Reaktion aus: „Hoppla, das ist ja etwas ganz anderes als das, was wir heute haben. Da müssen wir aber einiges tun und uns ändern, um dort hinzukommen." Erst ein in Gegenwartsform geschriebener Text baut die kreative Spannung zwischen Vision und Realität auf. Diesen Effekt verstärken wir, indem wir in die linke Spalte des Textes die Vision und die rechte die Realität schreiben.

Inhaltlich beschreibt eine Unternehmensvision umfassend, was in der Zukunft dieses Unternehmens sein soll. Alles ist erlaubt, was sich sinnvoll für die Zukunft dieses Unternehmens anstreben und wünschen lässt. Das kann damit beginnen, in welchem geographischen Raum man einmal präsent sein möchte, und damit aufhören, wie das Verhältnis zu Schwestergesellschaften im gleichen Konzern sein soll. Es gibt keinen abschließenden Fragenkatalog, den eine Unternehmensvision beantworten müsste. Jedes Unternehmen ist anders und hat seine ganz individuelle Vision. Dennoch gibt es Themenkreise, die in vielen Unternehmen auftauchen:

- ◆ Anliegen (idealistischer Zweck)
- ◆ Selbstverständnis (Geschäftszweck)

FÜHREN MIT VISIONEN

- Produkte und Leistungen
- Stellung im Markt
- geographische Ausdehnung
- Fähigkeiten des Unternehmens
- Wirkung und Ausstrahlung nach außen
- Kunden
- Mitarbeiter
- Lieferanten und andere externe Partner
- gelebte Werte, Atmosphäre
- Organisation
- Technik
- Gebäude, Infrastruktur
- Verwaltung
- Umwelt, Mitwelt, Ressourcenverbrauch
- materielle Situation

Zu fast jedem dieser Themen kann die Vision eine Reihe von Facetten enthalten. Zum Thema „Kunden" kann die Vision beispielsweise beinhalten:

- was für Kunden man idealerweise haben möchte,
- wie die Beziehung zu diesen Kunden sein soll,
- was die Kunden über einen selbst denken sollen,
- welche Gefühle man bei den Kunden auslöst.

Hinsichtlich der materiellen Situation kann die Vision sein, dass man

- überdurchschnittlich verdient,
- ausreichende Reserven für Notfälle aufgebaut hat,
- unabhängig von Banken ist oder vielleicht gar keine Schulden mehr hat und
- wohlhabend genug ist, um sich auch Annehmlichkeiten leisten und um anderen etwas abgeben zu können.

Nach meiner Erfahrung besteht ein Visionstext aus etwa 15 Sätzen oder Abschnitten mit ein bis drei Sätzen. Ein solcher Satz könnte heißen: „Wir sind mit unseren Produkten in jeder Stadt im deutschsprachigen Raum in mindestens einem Geschäft vertreten" oder „Bei uns herrscht eine Atmosphäre des Engagements, des Optimismus, der Dynamik, der Freude, des Vertrauens, des Miteinander, der Gelassenheit und der Harmonie; wir gehen alle aufrecht, leisten exzellente Arbeit und lachen viel". 15 solcher Sätze passen gut auf ein bis zwei Seiten.

Eine Vision soll facettenreich sein, doch wir sollten uns darin nicht auf Einzelheiten festlegen, die nicht so wichtig sind und die sich am Ende so nicht realisieren lassen. In einer Unternehmensvision kann beispielsweise enthalten sein, dass man in einigen Jahren ein neues Gebäude beziehen will. Man würde das Gebäude dann in generellen Qualitäten beschreiben – dass es beispielsweise hell ist und transparent und dass es Wohlbefinden auslöst. Man würde – etwas überspitzt gesagt – sich noch nicht auf die Farbe des Teppichs oder die Sorte der verwendeten Hölzer festlegen. In der Vision bleibt man beim wirklich Wesentlichen.

Das bedeutet auch, dass man in der Vision keine Zahlen festschreibt. Es kann durchaus sinnvoll sein, sich für einen Fünf-Jahres-Zeitraum quantitative Ziele vorzunehmen. Doch alles, was darüber hinaus geht, wird spekulativ sein. Schon in sieben Jahren kann sehr viel passieren und wir landen im Ergebnis dann weit entfernt von unserem Ziel, sei es darüber oder darunter. Da Visionen über fünf Jahre hinausreichen, haben Zahlen darin nichts zu suchen. Außerdem werden quantitative Ziele sorgfältig geplant, Visionen dagegen entdeckt und bewusst gemacht.

Wie weit soll eine Unternehmensvision in die Zukunft hineinreichen? Ich halte sieben Jahre für die unterste Grenze. Dieser Zeitraum ist gerade lang genug, um sich innerlich von der Fixierung auf das Gegebene zu lösen und zu wagen zu träumen. Andererseits ist er kurz genug, um den Horizont noch sehen zu können. Die meisten Beteiligten werden in sieben Jahren noch dabei sein. Manche Unternehmen, insbesondere große, werden einen längeren Zeithorizont vorziehen. Selten dürfte er über 25 Jahre hinausreichen. Matsushita hat einmal einen Plan für die nächsten 250 Jahre gemacht. Aber das ist wohl eher als Übung dafür zu verstehen, sich innerlich auf einen sehr langen Zeithorizont auszurichten. Vision soll natürlich genau das bewirken: allen deutlich machen, dass man an einer großen und langfristigen Aufgabe arbeitet. Da kann eine sehr langfristige Perspektive schon sinnvoll sein.

Visionen enthalten keine vergleichenden Aussagen wie „besser als …". Sie sagen, wie es sein soll, und nicht, dass es besser als heute sein soll. Sie enthalten auch keine Formulierungen wie „besser als der Wettbewerb", denn das wäre etwas Extrinsisches. Eine Vision ist jedoch intrinsisch. Wir wünschen uns nicht wirklich, besser als der Wettbewerb zu sein. Wir wollen herausragend und einzigartig, eben wir selbst sein.

Unternehmensvisionen beschreiben die gewünschte Zukunft *ganzheitlich* und decken das ganze Spektrum vom Materiellen bis zum Immateriellen ab. Sie enthalten daher, und das dürfte für viele von uns ungewohnt sein, auch Gefühle.

FÜHREN MIT VISIONEN

Gerade dadurch, dass eine Vision Gefühle enthält, wird sie erst lebendig und stimulierend. Wir sagen in der Vision also, wie sich die Kunden und Lieferanten und andere externen Partner fühlen sollen und wie wir uns selbst fühlen wollen. Die Kunden sollen vielleicht zufrieden, begeistert, dankbar und voller Vertrauen sein. Und wie könnten sich die Mitarbeiter fühlen? Mögliche Antworten sind:

- stolz
- begeistert
- ernst genommen
- belohnt
- dankbar
- einer Gemeinschaft zugehörig
- als Teil eines Ganzen
- anerkannt
- beseelt von einem Anliegen

Diese Liste ließe sich verlängern. Finden Sie selbst heraus, wie sich Ihre Mitarbeiter fühlen sollen und wie die Atmosphäre in Ihrer Organisation sein soll! Vielleicht ist Ihnen ja eine gelassene Heiterkeit besonders wichtig – oder etwas anderes schwebt Ihnen vor.

Man erkennt authentische, von innen kommende Visionen daran, dass sie immer wieder gerne gelesen werden. Anders als die meisten Unternehmensgrundsätze verschwinden sie nicht für immer in einer Schublade. Ich kenne Manager und Unternehmer, die gerade dann, wenn sie sich einmal nicht so gut fühlen, die Vision wieder aus der Schublade ziehen und sich davon motivieren lassen.

Zuletzt sei noch bemerkt, dass in einer Unternehmensvision keinesfalls Aussagen vorkommen dürfen, die negative Gefühle auslösen. British Airways hatte in einer ersten Version seiner „Vision" (ich setze die Anführungszeichen, weil ich nicht weiß, wie diese Vision entstanden ist und ob sie diesen Namen verdient) Sätze formuliert wie: „Unsere geschäftlichen Fähigkeiten erwecken den Neid unserer Wettbewerber." Das Wort „Neid" löst keine erhebenden Gefühle aus – im Gegenteil. Wir wünschen uns auch nicht wirklich, dass unsere Wettbewerber neidisch sind. Wir wollen geachtet werden. In einer späteren Version der „Vision" von British Airways ist der Satz mit dem Neid auch nicht mehr enthalten.

VISIONEN IM UNTERNEHMEN **KAPITEL 4**

VISIONSMETAPHERN

Neben einem Text ist sehr sinnvoll, eine Metapher zu haben, die die Unternehmensvision synoptisch zusammenfasst und veranschaulicht. Denn dadurch wird sie viel leichter kommunizierbar. Helmut Kohl hat mit den „blühenden Landschaften" als Metapher für die Vision der neuen Bundesländer mehr bewirkt, als er es mit vielen Worten hätte tun können. Dieses Bild ist emotional, es wird intuitiv verstanden und es stimuliert.

Für die Vision eines Unternehmens könnte die Metapher ein Baum sein. Wir würden dann das Unternehmen, das wir erschaffen wollen, mit einem Baum vergleichen. Und das geht in vielfältiger Weise: Unser Baum steht hervorragend im Saft, er wächst und gedeiht und bringt großartige Früchte hervor. Alle Äste des Baumes (Ressorts und Abteilungen) tragen dazu bei. Alle fühlen sich zugehörig zu einem Stamm, auch die kleinen Zweige, die unsere Mitarbeiter sind. Alle tragen in sich, was der Baum als Ganzes will. Die Äste sind stark, können sich aber mit dem Wind bewegen und auf neue Erfordernisse eingehen. Es entstehen neue Äste (Innovationen) und alte sterben ab. Manchmal beschneiden wir Äste (schließen wir Abteilungen, stellen wir Produkte ein), damit sich der Baum als Ganzes entfalten kann. Unser Baum hat einen dicken Stamm, der unser Selbstbewusstsein, unsere Gelassenheit und unsere Unbeirrbarkeit symbolisiert. Er ist ein Orientierungspunkt in der Landschaft (wird weithin als Vorbild gesehen). Er ist in einer traditionsreichen Vergangenheit verwurzelt, in der wir Großes geleistet haben und auf die wir stolz sein können, und er strebt auf zu einer großartigen Zukunft – zur Sonne. Das Sonnenlicht bricht sich in unseren Zweigen, die Blätter spielen im Wind – und das steht für die Stimmung von Energie, Freude, Leichtigkeit und Optimismus, die in unserem Unternehmen herrschen soll. Da die Sonne scheint und diese Energie da ist, wachsen und gedeihen wir. Die Früchte unseres Baumes werden weit und breit geschätzt. Sie sind aromatisch, saftig, voller Leben, jede ein besonderes Stück und viele Menschen bezahlen gern dafür.

Wir sollten uns eine Metapher aussuchen, die wir mögen und die zu uns passt. Es gibt zahlreiche Möglichkeiten: eine Quelle, ein Brillant, ein Segelschiff, ein Haus, ein Garten, eine Kathedrale, ein Park und so fort. Gottlieb Duttweiler hat seine Vision der Migros am Beispiel einer Brücke dargestellt. Es ging ihm um die Brücke vom Erzeuger zum Kunden. Die Firmenzeitschrift der Migros heißt

FÜHREN MIT VISIONEN

„Wir Brückenbauer" und in der Anfangszeit der Migros bestand sogar das Logo aus einer Brücke. Eine andere Handelskette für Lebensmittel hat die Quelle als Metapher gewählt. Die Quelle steht für Frische, Reinheit, Vitalität, Erneuerung, Kraft, Überfließen, Geben und für vieles mehr. Und das passt zu einem Lebensmittelmarkt.

Kraftvoll sind Metaphern, die schon lange für die Menschheit eine symbolische Bedeutung haben. Dazu zählen alle Metaphern aus der Natur, aber auch vom Menschen gemachte Dinge, die etwas mit unserer Seele zu tun haben. Ein Haus, eine Brücke und ein Schiff sind sehr urtümliche Bilder. Ein „Motor" oder eine „Fußballmannschaft" würden nicht die gleiche Kraft entfalten.

Ein starkes Bild, das für die Menschheit seit langem eine tiefe Bedeutung und starke Faszination hat, ist die Sonne. Es wurde einmal von einem Unternehmen verwendet, das nicht in erster Linie eine Vision vermitteln, sondern seine Produktion radikal reorganisieren und vereinfachen wollte, um drastisch Kosten zu sparen. Diese Zielsetzung wurde dann sozusagen visionär überhöht, indem man das entsprechende Projekt als „Sonnenprojekt" bezeichnete. Mit der Vereinfachung der Abläufe in der Produktion sollte auch das Leben für jeden Mitarbeiter „sonniger" werden. Das Bild der Sonne wurde in dem Projekt immer wieder verwendet und in vielerlei Weise visualisert. Das Projekt war so erfolgreich, dass das Unternehmen von seiner Konzernspitze einen Preis für besonders innovative Führung erhielt.

Wir können mit einer Metapher vielleicht nicht alle Aspekte unserer Vision deutlich machen. Bilder taugen in der Regel eher für die erhabenen, idealistischen und weniger für die strategischen Teile unserer Vision. Doch manchmal findet man auch eine gute Metapher, die viel mit dem eigenen Markt und Produkt zu tun hat. Das Positive an jeder Metapher ist, dass sie nicht nur mit dem Kopf verstanden wird. Sie erreicht das Unbewusste desjenigen, dem wir sie kommunizieren. Sie setzt sich in ihm fest und bleibt haften. Die Metapher vermittelt mehr, als wir mit Worten sagen können. Sie löst, wenn es die richtige ist, angenehme Gefühle aus. Sie macht auch systemische Zusammenhänge klar, die man sonst umständlich erklären müsste. Dass der „Baum" ein System ist, in dem jeder Teil den anderen beeinflusst und bedingt, wird spontan verstanden. Seine Äste müssen sich beispielsweise im Gleichgewicht entwickeln, damit es ein prächtiger, starker Baum wird. Man muss ihn beschneiden, damit das Neue sich kraftvoll entwickeln kann.

VISION IM VERGLEICH ZUR STRATEGIE

Die Unternehmensvision ist *nicht* die Unternehmensstrategie. Die Vision beschreibt nicht unsere genauen Ziele und Prioritäten bezüglich der Marktsegmente, Produktlinien, Märkte und Vertriebswege. Sie enthält nicht die präzisen Leistungskonzepte, das System von Kern- und Nebenleistungen, das wir den Kunden anbieten, und das Geschäftssystem, mit dem wir diese Leistungen erzeugen. Sie enthält keine quantifizierten strategischen Ziele wie Marktanteile, Umsatzzahlen, Produktivitätskennziffern, Auslastungskennziffern, Umsätze pro Kopf, pro Quadratmeter und so weiter. Und sie sagt nichts darüber, ob wir mittelfristig wachsen, konsolidieren oder schrumpfen wollen.

Dennoch gibt die Vision die Leitplanken für die Strategie vor. Die so genannte Leitidee oder das Selbstverständnis, welche in einem Strategiepapier, das bei A anfängt, unter Punkt A stehen sollte, findet sich auch in der Vision. Darin wird beschrieben, wie man sein Geschäft eingrenzt. Der Werkzeughersteller fühlt sich beispielsweise für fräsende Zerspanung zuständig und das medizintechnische Unternehmen für extrakorporale Blutbehandlung und ihre Vision ist, in diesen Gebieten Kompetenz und Ansehen zu haben. Die Vision enthält auch generelle Leitlinien zu den Produkten und Leistungen, die man erzeugt. Man will vielleicht besonders innovative, hochwertige, frische, gesunde, designorientierte, umweltfreundliche, intelligente, haltbare oder preiswerte Produkte und Leistungen anbieten. Und die Vision sagt vor allem, welches Anliegen man gegenüber den Kunden hat, das heißt, welchen besonderen Nutzen man stiften will. Das medizintechnische Unternehmen möchte vielleicht in erster Linie den Patienten und in zweiter Linie den Ärzten dienen und in seinem Arbeitsbereich vor allem darauf hinwirken, dass bessere Behandlungsmethoden entwickelt und auch eingesetzt werden.

In der Visionsentwicklung entstehen diese Leitplanken nicht durch rationales Kalkül. Zwar sollte ein Führungsteam, das seine Vision ent-wickelt, sich wie in einem normalen Strategieprozess auch die Stärken und Schwächen des Unternehmens und die externen Trends bewusst machen, doch im Wesentlichen kommt es darauf an zu entdecken, was dieses Team sich wirklich wünscht. Das, was unsere echte Vision ist, ist im Markt auch umsetzbar, sonst wäre dieser Wunsch nicht in uns. Das Anliegen, das wir innerlich fühlen, ist immer ein latentes Bedürfnis unserer Kunden. Weiterhin sind unsere Neigungen immer unsere

FÜHREN MIT VISIONEN

Stärken (manchmal erst latente Stärken) und wir setzen nur das wirklich begeistert um, was wir uns auch wirklich wünschen. Subjektiv zu sein ist also ausgesprochen sinnvoll.

Diese Aussage darf nicht missverstanden werden. Nicht jedes einzelne Produkt, in das wir uns verliebt haben, wird von den Kunden gewollt. Doch die grundsätzliche Richtung, die wir uns aufrichtig wünschen, ist machbar. Wir werden allerdings oft Zeit brauchen, um kreative Ideen zu finden oder um das Bewusstsein der Kunden zu entwickeln. Es dauert vielleicht, bis sich das, was wir wollen (zum Beispiel das besonders lang haltbare XY-Produkt), zu vertretbaren Kosten herstellen lässt.

Die deutsche Modeschöpferin Jil Sander hat den Wunsch, eine Mode zu machen, die nicht gleich wieder aus der Mode kommt, sondern überdauert. Sie will auf schnelle Gags verzichten und dennoch den Zeitgeist einfangen. Sie möchte überragende Qualität bieten. Und sie will bei ihren Kunden den Sinn für Schönheit und Klasse schulen. Sie sagte in einem Interview: „Ich sehe es als meine Lebensaufgabe an, die Menschen durch die Mode, die ich mache, zu verbessern." Als sie begann, haben die Händler ihr Konzept zunächst nicht verstanden. Sie war zu anders, zu „unmodisch" nach dem bisherigen Verständnis. Das Bewusstsein der Händler und der Kunden hat sich jedoch mittlerweile entwickelt. Wenn wir unsere eigene Vision erforschen, werden wir feststellen, dass sie in den Strom unserer Zeit passt.

Ich möchte noch darauf hinweisen, dass unsere bisherige „objektive" strategische Planung oft zerstörerische Folgen hatte. Da wir Geschäfte als Objekte betrachtet und sie nicht geliebt haben, wurden diese Geschäfte manchmal ausgehöhlt. Sie wurden beispielsweise zur Cashcow deklariert und erhielten nicht mehr die notwendigen Investitionsmittel. Doch selbst, wenn die Mittel noch ausreichten, machte die Bezeichnung „Cashcow" allen Beteiligten klar, dass kein tiefes Interesse an diesem Geschäft mehr besteht. Und das wirkt als sich selbst erfüllende Prophezeiung. Eine andere Form der Aushöhlung besteht darin, dass man, um kurzfristig die Preise senken und strategisch scheinbar wertvollen Marktanteil gewinnen zu können, an F & E-Kosten oder an der Weiterentwicklung der Produktionsanlagen spart. Hinterher stellt man dann vielleicht fest, dass man seinen Wettbewerbsvorteil verloren hat.

Der Prozess der Visionsfindung macht den Beteiligten deutlich, was sie lieben und sich wirklich wünschen. Und das ist nie der schnelle Gewinn oder das kurzfristige Wachstum auf Kosten einer Aushöhlung des eigenen Geschäfts. Im Gegenteil, man möchte die eigentlichen Stärken weiter ausbauen. Man möchte in erster Linie etwas Großartiges schaffen. Man möchte sich konzentrieren. Wenn einem Führungsteam seine Vision klar ist, dann würde es möglicherweise einen Wettbewerber, der ihm zum Kauf angeboten wird, nicht übernehmen, weil es erkennt, dass sich die andere Firma schwer integrieren lässt und man seine eigentliche Vision dann nicht mehr erreichen würde.

Die Vision ist eine Vorstellung des Zustandes, den wir erschaffen wollen – nicht jedoch der Weg dorthin. Wir kennen nie den ganzen Weg zur Vision. Erst dadurch, dass wir die Vision haben, entwickeln wir im Laufe der Zeit kreative Konzepte, Strategien und Methoden, die uns die Vision realisieren lassen. Henry Mintzberg hat in einer ausführlichen Studie untersucht, wie Strategien tatsächlich entstehen, und dabei festgestellt, dass sie häufig geformt und nicht formuliert werden. „crafting strategy" hat er diesen Prozess genannt. Unser Verkäufer trifft einen Kunden, der besondere Wünsche hat. Beide zusammen arbeiten Modifikationen an einem Produkt aus. Der Verkäufer bringt ein paar Leute im Werk dazu, dieses Produkt herzustellen. Und daraus entsteht dann eine viel versprechende neue Produktlinie. Das ist der Weg, wie sich eine Vision erfüllen kann – völlig ungeplant.

Dennoch kann es zu bestimmten Zeiten sinnvoll sein, dass ein Führungsteam sich in mehreren Klausuren zusammensetzt, um die Strategie einmal grundlegend zu durchdenken und präzise festzulegen. Wir sollten jedoch nicht mehr festschreiben, als wirklich notwendig ist, um künftiges Lernen nicht auszuschließen. Jack Welch, der Präsident von General Electric, hat beobachtet, dass Strategiepapiere gern ein Eigenleben beginnen und die Anpassung an neue Realitäten verhindern. Sie sind umso nutzloser, je dicker sie sind.

Wenn wir Strategieklausuren durchführen, sollten wir dies mit Visionsfindung verbinden. Das erleichtert den Konsens in schwierigen Fragen. Und es hat den Vorteil, dass wir uns bei der Strategieentwicklung von den heutigen Problemen einmal lösen und uns innerlich auf den gewünschten Idealzustand ausrichten. Tatsächlich werden Strategien heute oft nur als Antwort auf bestehende Probleme erarbeitet. Wenn Probleme der Ausgangspunkt sind, lähmt das jedoch das planende Team. Wenn eine Vision der Ausgangspunkt ist, werden die Ergebnisse der strategischen Planung mit großer Wahrscheinlichkeit kreativer sein.

VISION IM VERGLEICH ZU LEITBILDERN

Wodurch unterscheiden sich Visionen von Leitbildern, Unternehmensgrundsätzen und Unternehmensphilosophien? Es gibt keine allgemein akzeptierten Standards darüber, was sich hinter diesen Begriffen verbirgt. Die Dokumente, die von Unternehmen als Leitbilder, Grundsätze und Philosophien veröffentlicht wurden, sind sehr unterschiedlichen Inhalts. Im Generellen bestehen jedoch folgende Unterschiede zur Vision:

- Leitbilder sagen selten etwas aus über das Anliegen, die erstrebte Marktposition und die Besonderheit der Produkte eines Unternehmens. Sie sind meist auf wertorientierte Aussagen beschränkt, zum Beispiel „Im Mittelpunkt unseres Handelns steht der Kunde".
- Leitbilder enthalten zahlreiche Absichtserklärungen wie „Wir wollen ...", „Wir verfolgen das Ziel ...". In der Vision dagegen wird ein künftiger Zustand beschrieben, dem der Ist-Zustand gegenübergestellt wird.
- Leitbilder enthalten nicht selten Soll-Botschaften wie „Es ist wichtig, dass die Mitarbeiter sich mit den Zielen des Unternehmens identifizieren". Dieser Satz löst beim Leser kein erhebendes Gefühl aus. Er wird als Belehrung empfunden.
- Leitbilder enthalten selten hohe Werte und Gefühle. Daher wirken sie kaum stimulierend und erhebend. Sie klingen eher kalt und leblos. Die in ihnen propagierten Werte sind zweckrationale: kontinuierliche Verbesserung, Kundenorientierung, Effizienzsteigerung, null Fehler etc. Manchmal ist aber auch von Offenheit und Ehrlichkeit die Rede oder von einer gesunden Umwelt. Und das kann in einer Vision natürlich genauso enthalten sein.

Der gravierendste Unterschied zu Visionen besteht sicher darin, wie Leitbilder entstehen. Sie werden mit dem Kopf gemacht. Der Prozess ist nicht so angelegt, dass tiefe Wünsche bewusst werden, dass Zukunftsbilder imaginiert werden und dass die Lebensenergie aktiviert wird.

Manchmal werden viele Mitarbeiter in die Leitbildentwicklung einbezogen. Die meisten Berichte von Teilnehmern, die ich gehört habe, lauteten in etwa: „Es war mühsam und hat nicht viel Freude gemacht, in Gruppen an Formulierungen für das Leitbild zu arbeiten. Wir haben es gemacht, weil wir es machen mussten."

Es wird nicht überall so empfunden worden sein, doch in diesen Fällen wurden Energien verschwendet. Bei der Visionsentwicklung sollte die Einbindung der Mitarbeiter so geschehen, dass sie Freude macht und Energie erzeugt. Die Visionsentwicklung selbst sollte also auch immer schon ein Stück gelebte Vision sein.

KAPITEL 5

Das visionäre Führungsteam

> „Und so entdecken wir staunend, dass es geheimnisvolle Zustände gibt, die uns befruchten. Wir können nur atmen, wenn wir mit anderen durch ein Ziel verbunden sind, das über uns steht."
>
> *Antoine de Saint-Exupéry*

Die Visionsarbeit soll vor allem das Team, das das Unternehmen leitet, weiterbringen. Sie soll ihm Kraft, Glauben und Zusammenhalt geben. Sie soll es zu einem großartigen Team machen. Denn wie sollte sich auch die Vision eines großartigen Unternehmens erfüllen, wenn nicht das oberste Team großartig ist?

Doch was ist genau ein großartiges Team? Was ist unsere Vorstellung von dem, was ein Führungsteam im besten Fall sein kann? Ich meine, dass unsere bisherigen Ideen hierzu noch zu beschränkt sind. Wir brauchen eine neue Vision von dem, was wir sein könnten.

Unsere heutigen Vorstellungen von dem, was ein Team sein kann, gehen auf den Beginn der Sechzigerjahre zurück. Sie wurden von zwei Amerikanern, die in der Managementlehre Geschichte gemacht haben, formuliert: Douglas McGregor und Rensis Likert. Nach ihnen herrscht beispielsweise im optimalen Team eine informelle, entspannte Atmosphäre; es gibt viel Diskussion, fast jeder partizipiert daran, die Teammitglieder hören sich zu, sie tragen Meinungsverschiedenheiten offen aus, sie kritisieren sich konstruktiv, sie vertrauen sich, sie geben ihren Gefühlen Ausdruck und suchen in Entscheidungen den Konsens. Rensis Likert hat hinzugefügt, dass das optimale Team sehr viel Selbstvertrauen hat.

DAS TEAM ALS ORGANISMUS

Diese Beschreibung stimmt immer noch. Doch wir sollten heute einen Schritt weiter gehen und uns des höchsten Potenzials eines Teams bewusst werden. Dieses höchste Potenzial besteht darin, dass das Team von einer Gruppe von Organismen zu *einem* Organismus wird. Was das bedeutet, lässt sich am besten an einem Beispiel deutlich machen, wie es Aldous Huxley in seinem Buch „Die ewige Philosophie" beschrieben hat. Darin erwähnt er den Bericht eines Psychiaters, der im Zweiten Weltkrieg als ärztlicher Beobachter fünf Kampfeinsätzen der in England stationierten Achten Amerikanischen Luftflotte beiwohnte. Dieser Psychiater war bei einem Einsatz zugegen, in dessen Verlauf das B-17-Flugzeug und seine Mannschaft so stark mitgenommen wurden, dass eine Rettung nicht mehr möglich zu sein schien. Er hatte bereits die „Boden"-Persönlichkeiten der Mannschaft studiert und festgestellt, dass sie eine große Vielfalt menschlicher Typen darstellten. Über ihr Benehmen im entscheidenden Augenblick berichtete er Folgendes:

> „Ihre Reaktionen waren bemerkenswert ähnlich. Während des heftigen Kampfes und in den dringenden Notfällen, die sich in seinem Lauf ereigneten, sprachen sie alle ruhig und genau am Bordtelefon und handelten entschlossen. Der Heckschütze, der rechte Mittelbordschütze und der Navigator wurden am Anfang des Kampfes schwer verwundet, alle drei erfüllten aber ihre Pflichten weiter, und zwar wirksam und ohne Unterbruch. Die Hauptlast der Notarbeiten fiel dem Piloten, dem Mechaniker und dem Bugschützen zu. Sie arbeiteten alle rasch, leistungsfähig und ohne überflüssige Bewegungen … Während man jede Minute die Katastrophe erwartete, wurden alternative Pläne klar festgelegt. Einziger Zweck derselben war die Sicherheit der gesamten Mannschaft. Alle waren jetzt ruhig, unauffällig munter und auf alles gefasst. Keinen Augenblick gab es Lähmung, Panik, unklares Denken, fehlerhaftes oder konfuses Urteilen oder Eigennutz unter ihnen."

Es war das ungemein starke Verlangen zu überleben und das Bewusstsein, dass es genau jetzt darauf ankommt, das dieses Team zusammenschweißte. Mit einem Schlag war jeder in dem Team hellwach, aufmerksam und konzentriert. Plötzlich war die Lebensenergie der Teammitglieder, die wir sonst so gern durch unnütze Gedanken verschwenden, uneingeschränkt da. Und obwohl es eine Notsituation auf Leben und Tod war, waren alle ruhig, munter und gelassen. Das Team arbeitete perfekt zusammen und verschmolz buchstäblich zu *einem* Organismus.

Wenn ein Team seine Höchstform erreicht, dann weiß die „Linke", was die „Rechte" braucht. Und das ganze Team handelt als eine kohärente Kraft. Nun wird verständlich, wieso der wohl älteste Führungstheoretiker der Welt, der chinesische Feldherr Sun Tsu, vor 2 500 Jahren in seinem „Traktat über die Kriegskunst" forderte, dass eine Armee kämpfen müsse „wie ein Mann".

Die jüngere amerikanische Organisationslehre nennt diesen besonders energetischen Zustand „alignment" – ein unübersetzbarer Begriff. Andere (beispielsweise Rudolf Mann und Jean Houston) sagen, dass sich ein Gruppenorganismus entwickelt oder der Gruppengeist entfaltet. In dem Team ist ein kraftvolles kollektives Bewusstsein gewachsen. Es ist zu einer „communio" geworden. In diesem Zustand ändert sich das Selbstkonzept jedes Einzelnen: Er sieht sich nicht mehr nur als isolierte Person, sondern als unlösbar verknüpft mit dem Team und seiner Aufgabe. Der Einzelne ordnet sich optimal in das Team ein – jedoch nicht, indem er sich selbst unterdrückt, sondern indem er über sich selbst hinauswächst und entdeckt, dass er mit anderen verbunden ist.

Die Vorstellung, dass nicht nur einzelne Menschen, sondern auch größere Einheiten – Teams, Firmen, Nationen und sogar die Menschheit – ein gemeinsames Bewusstsein haben, das sich entfalten lässt, ist uns noch fremd. Dass es allerdings eine Bewusstseinsebene gibt, auf der alle Menschen miteinander verbunden sind, darauf hat in der westlichen Welt vor allem Carl Gustav Jung hingewiesen. Er entdeckte, dass es in der ganzen Menschheit gemeinsame archetypische Bilder gibt. Daher gibt es auch Märchenthemen, die sich in zahlreichen Kulturen wiederfinden.

Eine andere wichtige Stimme war der Jesuit, Paläontologe und Geologe Pierre Teilhard de Chardin. Seine Studien der Geschichte des Universums und seine tiefe Religiosität führten ihn zu der Erkenntnis, dass die Menschheit sich auf einer langen Reise hin zur Entfaltung ihres individuellen und kollektiven Bewusstseins befindet. Die gesamte Menschheit würde irgendwann, im so genannten Punkt Omega erkennen, dass sie eins ist. Dies bedeutet jedoch nicht, dass die einzelnen Menschen sich wie Wassertropfen in einem pantheistischen

Meer verlieren. „Nein", schreibt Teilhard de Chardin, „wenn die Bewusstseinsteilchen in der Richtung, die ihre Zentren bestimmen, zusammenfließen, trachten sie nicht danach, ihre Konturen zu verlieren und sich zu vermischen. Im Gegenteil, sie betonen die Tiefe und Einzigartigkeit ihres Ego. Je mehr alle zusammen das andere werden, umso mehr finden sie ihr Ich."

Interessanterweise entdeckt in der heutigen Zeit auch die Wissenschaft, dass es ein kollektives Bewusstsein gibt – und das sogar außerhalb der Bereiche, die wir bisher als lebendig angesehen haben. So hat man beispielsweise beobachtet, dass Moleküle koordiniert „handeln" können. Der Chemiker und Nobelpreisträger Ilya Prigogine studierte so genannte chemische Uhren. Eine graue Flüssigkeit beginnt dabei plötzlich rhythmisch die Farbe zu wechseln. Sie wird schwarz, dann weiß, dann wieder schwarz usw. Alle Moleküle verändern sich in totaler Synchronisation. „Wirklich erstaunlich ist", schreibt Prigogine, „dass jedes Molekül irgendwie weiß, was die anderen zur gleichen Zeit tun werden – und das über relativ makroskopische Entfernungen hinweg."

Eines der schönsten Beispiele für Alignment oder einen wirksamen Gruppengeist ist ein Vogelschwarm. Der Schwarm fliegt auf seiner Bahn – und dann, ganz plötzlich, ändern alle Vögel die Richtung, ohne dass erkennbar wäre, dass sie einem Anführer gefolgt sind. Denn alle schlagen die neue Richtung im gleichen Moment ein. Die Vögel des Schwarms scheinen zusammen *ein* Bewusstsein zu haben und als *ein* Organismus zu handeln.

Offenbar gibt es Bewusstsein und kohärentes Handeln auf vielen Ebenen der Realität. Für Teams und Unternehmen besteht eine große Chance darin, ihren Gruppengeist zu entfalten und mehr als bisher zu einem Organismus voller Energie und Vitalität zu werden. Natürlich wird eine Geschäftsleitung nicht dauerhaft einen hohen Grad an Alignment erreichen. Doch sie kann sich diesem Zustand annähern und ihre Kraft vervielfachen. Und auch in einer großen Organisation ist es erreichbar, dass die „Linke" spürt, was die „Rechte" braucht. Die Aktivitäten und Projekte der verschiedenen Abteilungen eines Unternehmens beginnen dann harmonisch ineinander zu greifen – etwa so wie ein großer mehrdimensionaler Reißverschluss. Wir wissen nur zu gut, dass dieser Reißverschluss heute oft klemmt und den Wandel behindert.

Wenn ein Führungsteam sich diesem Zustand annähert, geht es nicht in eine Wolke rosaroter Harmonie ein. Die Teammitglieder sind zwar – etwas altmodisch ausgedrückt – eins im Herzen, weil sie dieselbe Vision und dieselben Ideale haben. Doch über den richtigen Weg dorthin streiten sie sich eher offener als vorher – und es fällt ihnen zugleich leichter, den Konsens zu finden.

FÜHREN MIT VISIONEN

WIE KANN EIN TEAM ZU EINEM ORGANISMUS WERDEN?

Vier Wege führen zu Alignment oder – anders ausgedrückt – zur Entfaltung des Gruppengeistes:

1. Sein
2. die gemeinsame Vision entdecken
3. Energieblockaden beseitigen
4. Dialog

Dialog bedeutet, dass man einige der Qualitäten, die in den obigen Beispielen beschrieben wurden, auf seine Management-Meetings überträgt – beispielsweise gelassen und innerlich losgelöst zu sein, obwohl man an sehr drängenden und ernsten Aufgaben arbeitet und über Dinge spricht, die für Einzelne bedrohlich sind. Was sich hinter dem Konzept „Dialog" verbirgt, wird im übernächsten Kapitel ausführlich dargelegt.

Energieblockaden sind Faktoren, die verhindern, dass die Energie des Teams voll da ist. Es sind, bildlich gesprochen, Knoten von unguten Gefühlen, die es aufzulösen gilt. Es gibt sie in den unterschiedlichsten Variationen. Beispiele für Energieblockaden sind emotionale Verstimmungen zwischen Teammitgliedern, unter den Teppich gekehrte Meinungsverschiedenheiten, ungelöste, angstbesetzte Probleme, Versagensängste in Bezug auf neue Vorhaben, dysfunktionale Teamnormen. Solche Energieblockaden sind zu bearbeiten, wenn ein Team seine Vision ent-wickelt. Denn es reicht nicht aus, auf das Dach zu klettern und die Sterne anzuschauen. Man muss auch in den Keller hinabsteigen und die Leichen herausholen. Wie beides zusammen geschieht, wird im nächsten Kapitel beschrieben.

Was steckt nun hinter dem erstgenannten Punkt *Sein*? Wenn wir das Beispiel der Bombercrew untersuchen, stellen wir fest, dass die Menschen in dieser Situation vor allem völlig geistesgegenwärtig und hellwach waren. Deshalb war ihre Energie voll da. Und deshalb verschmolzen sie zu einer Ganzheit. Dieser Effekt lässt sich auch hin und wieder bei einem Orchester beobachten. Wenn es dem Dirigenten gelingt, die Ängste der Musiker zu reduzieren (viele Dirigenten tun das nicht) und ihnen zu helfen, völlig im Spiel der Musik aufzugehen, dann verschmilzt das Orchester zu einem Organismus.

DAS VISIONÄRE FÜHRUNGSTEAM KAPITEL 5

Ein Managementteam, das diesen Effekt nutzen möchte, muss ganz einfach Zeit miteinander verbringen, in der niemand denkt und jeder im Hier und Jetzt bewusst ist. Es muss miteinander Sammlung und Stille erleben, miteinander einfach sein. Es gehört zu den uralten Erfahrungen der Menschheit, dass eine Gruppe, die zusammen meditiert, sich harmonisiert und ihre gemeinsame Energie aufbaut. In konzentrierter Stille entfaltet sich der Gruppengeist.

Ich ermuntere die Teams, mit denen ich zusammenarbeite, zu Beginn jedes Meetings zwei oder mehr Minuten in Schweigen und Konzentration zu verbringen. Auf der anderen Seite des Erdballs, in einigen japanischen Firmen (sicher nicht bei allen), ist das ein übliches Ritual. Die Japaner sagen, dass sie ihre Atmung synchronisieren. Diese Synchronisation stellt sich von alleine ein, wenn Menschen zusammen meditieren. Im Lateinischen heißt „zusammen atmen" „conspirare". Damit wissen wir, wie eine Konspiration entsteht. Und wir wissen, wie „spirit" und Inspiration entstehen.

In meinen eigenen Visions-, Strategie- und Teamentwicklungsworkshops sind die meditativen Phasen in den letzten Jahren immer länger geworden. Was mit fünf Minuten begann, sind heute oft zweimal pro Tag halbstündige Fantasiereisen oder Meditationen oder längere meditative Reflexionen. Sehr ermutigt hat mich dabei die begeisterte Reaktion vieler Teilnehmer. Die Sehnsucht nach Sammlung und Stille ist inzwischen bei vielen sehr groß. Und ein Phänomen ist, dass Führungsteams für diese Art von Arbeit reif werden. Es ist dann nicht nur einer, sondern es sind alle, die sich davon angesprochen fühlen.

Die Wirkung der Stille hat mich selbst erstaunt. Manchmal fragte ich mich, wie ich den Mitgliedern eines Teams besser dabei helfen könne, sich mehr zu vertrauen und offener miteinander umzugehen. Das Vertrauen und die Offenheit der Teammitglieder entwickelten sich dann plötzlich von allein. Im Grunde ist auch schon die Tatsache, dass Menschen in einer Gruppe ihre Augen schließen (oder den Blick senken) und ihre Gedanken loslassen, ein Akt des Vertrauens. Man gibt das Gefühl von Kontrolle und (falscher) Sicherheit auf, sowohl hinsichtlich der äußeren Situation wie der eigenen Gedanken.

Wir sollten uns auch darüber klar sein, dass wir uns in einem Team, selbst wenn wir schon viele Jahre zusammenarbeiten, normalerweise nicht wirklich begegnen. Wir haben uns von jedem unserer Kollegen ein Bild gemacht. Das geschieht bekanntlich blitzschnell, wenn wir einen Menschen das erste Mal treffen. Wir ordnen ihn gleich ein: sympathisch oder unsympathisch, überlegen oder unterlegen usw. Danach begegnen wir vor allem unserem Bild, das wir immer auf den anderen projizieren, und lösen die bekannte selbsterfüllende Prophezeiung aus. Manchmal können wir nicht sehen, wie der andere die Kaffeetasse hält. Irgend etwas in uns zieht sich zusammen und wir denken: „Wie kann man bloß so die Kaffeetasse halten!"

Wenn wir in einer Gruppe Zeit in Sammlung und Stille verbringen, sind wir mit den anderen zusammen, ohne uns ein Bild von den anderen zu machen. Die anderen sind einfach nur, wir bewerten sie nicht. Diese Erfahrung ändert mit der Zeit unsere Sichtweise von unseren Kollegen und wir können ihnen mehr als bisher wirklich begegnen. Die Kaffeetasse oder was sonst uns stört, spielt dann keine Rolle mehr.

Wenn eine Gruppe zusammen meditative Rituale erlebt, integriert sie sich immer mehr. Die Einzelnen kommen ihrem eigentlichen Kern näher, ihrer Vision, ihrem Anliegen, ihren Idealen. Damit wird zugleich die Vision dieses Teams innerlich lebendiger. Die Lebensenergie und der Glaube werden stärker. Die Mitglieder werden zu „Kräften", die konvergent auf einen Punkt zielen. Der Gruppengeist des Teams entfaltet sich. Die Kraft des Teams, eine Vision zu manifestieren, vervielfacht sich.

Eine bemerkenswerte und sehr ungewohnte Variante solcher Rituale besteht darin, zusammen ein Lied zu singen – und zwar das Lied der Firma. Denn ein innerlich bedeutungsvolles Lied zu singen, bringt eine Gruppe sofort in ihre Mitte. Es verbindet sie mit ihrer Vision. Hinzu kommt, dass Singen unsere Lebensenergie freisetzt. Wir spüren unseren Körper mehr (er vibriert), wir fühlen uns wohler und zentrierter.

Heute hat nahezu keine Firma ein eigenes Lied. Schon der Gedanke an so etwas lässt uns vielleicht grausen. Doch wahrscheinlich werden wir uns dieses machtvollen Katalysators für Energie und Kohärenz künftig verstärkt bedienen. Allerdings sollte ein Lied nicht von oben verordnet werden. Es muss sozusagen aus der Gemeinschaft heraus wachsen. Im Rahmen einer breiter angelegten Visionsarbeit könnte man fragen, ob es unter den Mitarbeitern einen oder mehrere gibt, die bereit sind, ein Lied zu schreiben und es den anderen beizubringen. Wenn das Unternehmen für ein Lied reif ist, werden sich solche Menschen finden. Und wenn Mitarbeiter den Text machen, werden sich eher alle damit identifizieren können.

Der große Vorteil eines Liedes besteht darin, dass es auch in sehr großen Gruppen gesungen werden kann. Das ganze Unternehmen kann sich dabei als ein Ganzes empfinden. Doch das funktioniert nur, wenn es sich nicht um irgendein Lied handelt, sondern um eines, das die Mitarbeiter mit dem Anliegen und den Idealen ihrer Gemeinschaft verbindet.

KAPITEL 6

Die Vision im Team ent-wickeln

> „Da hilft es gewaltig, wenn die intuitive Vision so stark, so faszinierend und so lebendig ist, dass sie von der Gemeinschaft getragen wird und sie ihrerseits trägt. Dann wird Wandel angstfrei und akzeptabel, weil das gemeinsame Handeln durch gemeinsame Überzeugung gestützt wird."
>
> *Robert J. Schläpfer, Schläpfer AG, St. Gallen*

Ist es sinnvoll, eine Unternehmensvision in einem Team zu entwickeln? Sind Visionen nicht immer die Schöpfung Einzelner gewesen? Denn schließlich gab und gibt es zahlreiche Männer und Frauen, die mit ihrer persönlichen Vision und Energie Unternehmen geschaffen oder maßgeblich geprägt haben. Dennoch steckt eine große Chance darin, die Vision gemeinsam zu ent-wickeln und gemeinsam visionäre Kraft aufzubauen:

- Die Vision ist dann in mehr als einem Mitglied der Geschäftsleitung innerlich lebendig. Die Kraft zur Verwirklichung der Vision nimmt zu.
- Das Team wächst zusammen, es entfaltet ein Stück weit seinen Gruppengeist und nähert sich ein Stück dem Ideal, *ein* Organismus zu sein.
- Die Vision bekommt mehr Tiefen- und Randschärfe. Denn jeder bringt Facetten ein, die die anderen noch nicht so klar sahen, die jedoch, wie dann alle erkennen, zur gemeinsamen Vision gehören.

FÜHREN MIT VISIONEN

Wir brauchen nicht zu befürchten, dass die Visionen der Teammitglieder in alle Richtungen auseinander driften. Sie sind erstaunlich konvergent. Denn die Vision wird, wie ich schon darlegte, nicht gemacht, geschaffen oder entworfen – sie wird entdeckt oder ent-wickelt. Sie ruht bereits als „Potenzial" im kollektiven Bewusstsein dieses Teams. Sie ist ein Schatz, der gehoben werden kann.

Ich habe einmal mit einem Geschäftsleitungsteam zusammengearbeitet, in dem es erhebliche Differenzen über die Strategie gab. Die Teammitglieder bezweifelten mir gegenüber offen, ob es gelingen würde, einen gemeinsamen Kurs zu finden. Insbesondere die Preislage der Produkte war ein Streitpunkt. Zur Überraschung aller waren sich jedoch die Teammitglieder in ihrer Vision sehr einig. Sie wollten viele Dinge gemeinsam, unter anderem wollten sie hochwertige und teure Produkte für eine anspruchsvolle Kundschaft herstellen. Das „Wie teuer genau" und das „Wie und Wo der Herstellung" waren die Streitfragen. Solche Fragen lassen sich leichter lösen, wenn ein großer gemeinsamer Wunsch das Team zusammenhält.

Die Vision wird nicht mit einem Schlag „gemacht". Sie evolviert, wie Walter Bürki es nennt. Sie dringt im Laufe des Visionsprozesses stärker ins Bewusstsein der Beteiligten, sie wird zu einem klareren und stimulierenderen Bild, sie wird mit Energie aufgeladen. An einem bestimmten Punkt wird sie schriftlich formuliert. Später, wenn die Mitarbeiter ihr Feedback gegeben haben, wird sie nochmals überprüft, verbessert und ergänzt. Doch damit ist die Evolution der Vision nicht beendet. Sie wird auch später noch von dem Team immer wieder erneuert und innerlich lebendig gemacht. Und wenn das Team gemeinsam Zeiten der Stille und Sammlung erlebt, wächst auch ganz von allein die Kraft der gemeinsamen Vision. Das ist ein nie endender Prozess.

Die gemeinsame Ent-wicklung der Vision ist ein kraftvoller Anschub dafür. Um den ersten Schritt zu gehen, kann es unterschiedliche Anlässe geben:

- ◆ Das Team will anstehende Strategieworkshops mit der Entwicklung einer Vision verbinden. Davon erhofft es sich mehr Zukunftsorientierung, mehr Mut, mehr Kreativität und leichtere Konsensfindung.
- ◆ Das Team ist erfolgreich. Jahrelang hat es immer wieder in Workshops seine Strategien überdacht und angepasst. Doch nun kommt die Frage auf: „Wozu eigentlich das Ganze? Worum geht es uns denn letztlich?"
- ◆ Das Team ist entmutigt. Seine Stimmung ist gedrückt. Das Unternehmen hat keinen Erfolg. Das Team sucht nach Wegen, neuen Mut, neues Selbstvertrauen und neue Energie zu finden, um diese Krise zu überwinden.

DIE VISION IM TEAM ENT-WICKELN **KAPITEL 6**

- Das Team möchte als Team besser werden. Es möchte zusammenwachsen, eine Gemeinschaft werden und Vertrauen entwickeln.
- Das Team möchte alle Mitarbeiter des Unternehmens für eine Vision gewinnen und aktivieren. Als Ausgangspunkt dafür will es die eigene Vision entwickeln.

Für die Visionsentwicklung braucht man einen Rahmen, eine andere Umgebung als den Alltag. Man begibt sich in Klausur (meistens mehrmals) außerhalb der Firma. Man sucht einen angenehmen, freundlichen Raum, in dem man sich wohl fühlen, in dem man wohnen kann. Man sorgt dafür, dass man nicht gestört wird. Die Wahl eines ruhigen und vielleicht abgeschiedenen Ortes ist äußeres Symbol dafür, dass man in sich gehen, Besinnung finden und Kraft schöpfen will.

Teilnehmer an der gemeinsamen Visionsentwicklung sind die Mitglieder der Geschäftsleitung oder des Vorstandes. Es kann sich aber auch um ein anders benanntes Team handeln, das eine Organisation leitet. Voraussetzung ist dabei, dass dieses Team Freiräume hat, die Entwicklung der eigenen Organisation zu bestimmen. Der Teilnehmerkreis kann auch über die Geschäftsleitung hinaus erweitert werden. Man nimmt vielleicht die zweite Ebene hinzu oder Mitarbeiter anderer Ebenen, in denen man Potenzial sieht.

DIE UNTERSUCHUNG DER REALITÄT

Das Erste, was man gemeinsam angeht, ist die Auseinandersetzung mit der Realität. Folgende Fragen werden gestellt:

- Worauf sind wir stolz? Was sind unsere Stärken?
- Was bedauern wir?
- Welche Entwicklungen zeichnen sich in unserem Umfeld ab?

Bei der Untersuchung der Realität geht es darum, dass das Team eine gemeinsame Wahrnehmung dieser Realität entwickelt. Denn zunächst sieht jedes Teammitglied die Wirklichkeit etwas anders. Indem man sich zusammentut und sich seine Sichtweisen mitteilt, entsteht ein reicheres Bild der Wirklichkeit. Die Teammitglieder sehen diese Wirklichkeit nach diesem Austausch nicht völlig identisch, doch sie sehen neben ihrer eigenen Perspektive auch die Perspektiven ihrer Kollegen. In diesem Sinne sehen sie etwas Neues und es entsteht eine gemeinsame Wahrnehmung – eine, die der tatsächlichen Wirklichkeit wahrscheinlich näher ist. Und die Vision soll ja in der Wirklichkeit wurzeln. Sie soll sich aus der Wirklichkeit heraus realisieren lassen, auch wenn sie weit davon entfernt ist.

Indem das Team sich seiner Realität bewusst wird, baut es den „Wirklichkeits-Pol" der angestrebten kreativen Spannung zwischen Vision und Wirklichkeit auf. Es entdeckt und spürt mehr als vorher, wo es mit der heutigen Wirklichkeit zufrieden sein kann (das stärkt sein Selbstbewusstsein) und wo es unzufrieden ist. Unzufriedenheit in diesem Sinne erzeugt Energie zur Veränderung.

Bei der Visionsentwicklung ist die Auseinandersetzung mit der Realität keine reine Analyse, wie wir sie von der strategischen Planung her kennen (und wie sie dort unabdingbar ist). Es geht nicht in erster Linie darum, eine Informationsbasis aufzubauen, anhand derer man strategische Optionen entwirft. Es geht vielmehr um einen Prozess der Bewusstwerdung und des Energieaufbaus.

Es ist für uns wichtig zu verstehen, dass die Realität nicht einfach ein Objekt „da draußen" ist, das sich losgelöst von uns selbst betrachten lässt. Unsere äußere Realität korrespondiert mit unserer inneren Realität. *Wir* haben diese Wirklichkeit erschaffen. Wir haben das erschaffen, womit wir zufrieden sind, und das, womit wir unzufrieden sind. Beides ist ein Spiegel dessen, was in uns vorgeht. Sogar Trends im äußeren Umfeld des Unternehmens sind in gewissem Sinne ein Spiegel unserer selbst. Diese Trends haben eine wichtige Bedeutung für uns. Sie sollen uns helfen, unsere Lebensaufgabe, das heißt unsere Vision zu erfüllen. Die Welt verändert sich in eine bestimmte Richtung, weil wir uns, gemeinsam mit anderen, auf einer tieferen Ebene gewünscht haben, dass sie sich so verändert.

In dem Prozess der Visionsentwicklung untersuchen wir die Wirklichkeit nicht nur mit unserem Verstand. Wir aktivieren auch unsere intuitiven Fähigkeiten, wir versuchen – etwas altmodisch ausgedrückt – mit dem Herzen zu sehen. Die Realität soll uns unter die Haut gehen. Wir sehen sie nicht als ein äußeres, von uns getrenntes Objekt, sondern wir sehen uns in unserer Beziehung zu dieser Realität. Wir spüren, dass diese Realität ein Teil von uns ist und dass sie uns etwas sagen will.

Um diese Wirkung zu erreichen, genügt es nicht, dass die Teilnehmer des Visionsworkshops sich ihre Wahrnehmungen einfach mitteilen. Die üblichen Techniken wie Kleingruppenarbeit oder Kärtchenschreiben (die oft sehr hilfreich sind) wirken für den Zweck der Visionsentwicklung nicht tief genug. Die Teilnehmer werden bei der Visionsentwicklung vielmehr zu einer intensiven Reflexion, die ihren Verstand wie ihre intuitiven Bewusstseinsschichten mit einbezieht, angeleitet. Jeder soll aufmerksam in sich hineinhorchen.

Die Visionsentwicklung ist schon in dieser Phase eine Reise nach innen, ein Erforschen unserer selbst und unserer Möglichkeiten. Diese Arbeit findet zunächst einzeln statt (dabei sind alle in einem Raum), bevor man sich die Ergebnisse untereinander mitteilt. In diesem Prozess kann keiner nur halb mitmachen, indem er sich etwa an Gruppenarbeiten halbherzig beteiligt.

Wenn wir unsere Intuition aktivieren wollen, müssen wir in einen entspannten, meditativen Zustand gehen. Daher wird zu Beginn jeder Fragestellung (und meist auch zwischendurch) ein solcher Zustand mittels angeleiteter Entspannung des Körpers und einer Fantasiereise hervorgerufen. Die Fantasiereise kann – nach einer einleitenden Phase – auch durch die Realität führen, um die es gerade geht, beispielsweise durch das Unternehmen, und ermöglicht jedem eine neue Wahrnehmung dieser Realität. Dies kann 15 bis 25 Minuten dauern. Danach konzentrieren sich die Teilnehmer auf eine Frage, beispielsweise: „Was bedauern wir?" Sie horchen in sich hinein, welche Gedanken ihnen dazu kommen. Wenn wir wirklich entspannt sind, dann fallen uns die Dinge ein, die in diesem Moment wichtig sind. Die Teilnehmer bringen ihre Antworten auf die Frage in Stichworten zu Papier. Sie bekommen bewusst Zeit, um dies zu tun. Sie horchen wiederholt in sich hinein. Die Teilnehmer versetzen sich in einer Fantasiereise in die Rolle eines Kunden oder eines Mitarbeiters. Sie stellen fest, dass ihnen aus dieser simulierten Perspektive tatsächlich andere Dinge auffallen, und schreiben auch diese auf. Sie entspannen sich schließlich unter Anleitung nochmals und fragen sich, was diese Wirklichkeit ihnen sagen will. Auch das, was ihnen hierzu in den Sinn kommt, wird notiert.

Wirkungsvolle Hilfsmittel in diesem Prozess sind analoge, „rechtshirnige" Ausdrucksformen. Ein symbolisches Bild für die Wirklichkeit wird vorgestellt und/oder gemalt oder man macht einen Spaziergang im Wald und findet ein Objekt, das den jeweiligen Aspekt der Wirklichkeit symbolisiert. Man horcht wieder in sich hinein und fragt sich, was dieses Symbol einem sagen will.

Das Ergebnis dieses intensiven In-sich-hinein-Horchens ist nicht einfach Information über eine äußere Wirklichkeit, sondern über das Geflecht der inneren und äußeren Wirklichkeit. Die Teilnehmer haben auch über sich etwas gelernt. Sie erkennen, dass das gefundene Symbol nicht nur für die äußere Realität steht, sondern für sie selbst. Sie spüren, dass die äußere Realität mit ihnen zu tun hat und dass sie dafür verantwortlich sind. Wenn die Teilnehmer sich ihre Ergebnisse mitteilen, dann ist das kein distanzierter Austausch über etwas, sondern es ist ein persönlicher, authentischer Bericht. Und weil es das ist, hört man seinen Kollegen viel intensiver zu.

FÜHREN MIT VISIONEN

Durch diesen Prozess entsteht mehr Bewusstsein der Realität. Wir haben diese tiefer in uns einsickern lassen. Und es entsteht Energie. Lebensenergie. Die Teilnehmer spüren, dass die sie umgebende Realität nicht gut oder schlecht ist, sie ist auch nicht bedrohlich, sondern sie *ist* einfach. Und sie ist der richtige Boden für die Erfüllung ihrer eigenen Vision.

Ich denke, dass das Vorgehen im Einzelnen variierbar ist. Jeder Moderator solcher Prozesse wird seinen eigenen Stil entwickeln. Doch die hier dargelegten Grundprinzipien, dass die Beschäftigung mit der Realität unter die Haut gehen, dass sie die äußere wie die innere Wirklichkeit umfassen und dass sie die Intuition mit einbeziehen soll, scheinen mir essenziell zu sein.

DIE VORBEREITENDEN SCHRITTE

Nun zu den Fragestellungen im Einzelnen:

■ Worauf sind wir stolz? Was sind unsere Stärken?

Die Teilnehmer entdecken, dass es einiges gibt, worauf sie stolz sein können. Sie entdecken ihre faktischen und psychischen Ressourcen. Dem Team werden einige seiner Werte bewusst. Denn wir sind nur auf das stolz, was uns wichtig ist. Und das, worauf wir stolz sind, soll sich in die Zukunft hinein fortsetzen. Es ist Bestandteil unserer Vision. Die Dinge, auf die Teammitglieder stolz sind, werden aufgelistet und mit Klebepunkten gewichtet.

Ein Teil der Dinge, auf die wir stolz sind, sind unsere Stärken. Es sind die Dinge, die wir besonders gut können, oder die Kundengruppen, Märkte oder Marktsegmente, wo wir uns besonders gut etabliert haben. Diese Stärken sind das Fundament, auf dem wir unsere Zukunft aufbauen können. Sie sind unsere Potenziale. Auch die zehn wichtigsten Stärken des Unternehmens werden gemeinsam ausgewählt.

Unser Stolz und unsere Stärken haben auch mit uns persönlich etwas zu tun. Sie zeigen uns, was wir gerne machen, wohin unsere Neigungen gehen. Und sie zeigen uns, wo wir Selbstvertrauen haben, wo unsere Energie im Fluss ist und nicht durch Ängste oder anderes blockiert wird.

DIE VISION IM TEAM ENT-WICKELN **KAPITEL 6**

■ Was bedauern wir?

Diese Frage zielt auf die Dinge, mit denen wir nicht zufrieden sind – das, was in unserer Vision dann anders sein soll. Was bedauern wir im Unternehmen, in unserem Ressort oder Aufgabengebiet und in diesem Team? Auch das, was wir beklagen, weist auf unsere Werte hin. Denn wenn uns etwas nicht wertvoll wäre, würden wir seine Abwesenheit nicht bedauern.

Die Frage nach dem Bedauern kann Gravierendes zum Vorschein bringen (Probleme, Misserfolge, verpasste Chancen, Blockaden im Team) und Dinge, die kein Problem darstellen, aber eben doch nicht so sind, wie man sie sich wünscht. Wir sollten uns über all dies ehrlich austauschen. Wir sollten an dieser Stelle oder später, wenn die Vision ent-wickelt ist, Maßnahmen beschließen, um die Dinge zu ändern, die wir ändern wollen.

Bei dem Bedauern ist es besonders wichtig, dass wir uns darüber klar werden, was es mit uns zu tun hat. Was will es uns sagen? Was sollen wir daraus lernen? Wir haben das, was wir bedauern, schließlich erzeugt. Es fällt Menschen schwer, das zu akzeptieren. Denn die Konsequenz ist ja, dass man sich selbst ändern muss. Man muss vielleicht lernen, bestimmte Ängste loszulassen, um mehr delegieren zu können, um im Kollegenkreis bestimmte Themen anzusprechen oder um eine Produktlinie, die man bisher nur mit spitzen Fingern angefasst hat, kraftvoller zu vermarkten. Dadurch, dass die Teilnehmer im Visionsworkshop ihr Bedauern und ihre Beziehung dazu intensiv erforschen, gelangen sie zu diesen Erkenntnissen oft automatisch. Und sie erfassen sie mit mehr als nur ihrem Verstand.

Wenn ein Führungsteam sein Bedauern erforscht, dann ist das vergleichbar mit einem Mensch, der seine Krankheit erforscht. Auch die Krankheit hat meistens eine Bedeutung für ihn. Sie weist ihn auf negative Gedankenmuster hin. Es reicht in der Regel nicht aus, an den Symptomen zu kurieren, denn sonst bricht später eine andere Krankheit aus. Der Kranke muss also lernen, seine negativen Gedankenmuster durch positive zu ersetzen. Dem Führungsteam geht es nicht anders. Jeder erkennt, wo er innere Arbeit leisten muss, um das Übel an der Wurzel auszurotten.

■ Welche Entwicklungen zeichnen sich in unserem Umfeld ab?

Es geht um Entwicklungen, die bereits heute sichtbar sind und die die gemeinsame Zukunft prägen werden. Diese Entwicklungen mögen dem Unternehmen einen schmerzhaften Wandel abverlangen, dennoch sind sie ihm aus einer ganzheitlichen Sicht immer nützlich. Sie helfen dem Team, genau seine Vision zu verwirklichen (die nichts mit dem oberflächlichen Wunsch nach Stabilität und Bequemlichkeit zu tun hat). In diesem Sinne arbeitet die Zeit als Helferin immer für uns.

■ Was ist unsere persönliche Vision?

Es geht um die persönliche Vision der Teammitglieder, jedoch nicht im Sinne von Karriere oder Geld. Solche äußeren Ziele haben die meisten, die an einem solchen Prozess teilnehmen, zu ihrer Zufriedenheit erreicht. Doch die Gleichen stellen, wenn sie sich selbst betrachten, fest, dass vieles, vielleicht das Wichtigste, unerfüllt geblieben ist. Darüber wird normalerweise nicht geredet. Der Moderator muss Hilfsmittel einsetzen, um einen offenen Dialog zu fördern. Wenn es ihm gelingt, stellen Teammitglieder fest, dass es ihren Kollegen nicht anders geht als ihnen, und genießen diesen Dialog, der tiefer geht als üblich. Sie werden dann angeleitet zu ergründen, wer sie wirklich sind, was ihr eigentliches Wesen ist, was sie (innerhalb und außerhalb ihrer Arbeit) wirklich gerne tun würden, worin sie ihren Sinn sehen, was die eigentliche Belohnung ihrer Arbeit wäre, wozu sie gerne beitragen würden, was ihr ganz persönliches Anliegen ist und was sie als Mensch gerne sein möchten. Auch hier bedarf es einer Selbsterforschung, eines In-sich-hinein-Horchens. Jeder kann mehr entdecken, als er schon weiß. Die persönlichen Neigungen und Anliegen der Teammitglieder geben oft wichtige Hinweise für die künftige Richtung des Unternehmens.

Wenn man sich im Team gemeinsam mit den persönlichen Visionen beschäftigt, wächst das Team weiter zusammen. Möglicherweise entdeckt aber einer im Team, dass seine tieferen Wünsche ihn woandershin, aus der Firma heraus führen. Es wird ihm sehr viel leichter fallen, diesen Schritt zu gehen, wenn er sich über das, was er wirklich will, klar geworden ist. Und das ist letztlich für alle von Nutzen.

DIE VISION IM TEAM ENT-WICKELN **KAPITEL 6**

DIE VISION ENTWICKELN

Die Unternehmensvision entsteht ebenso wie die vorherigen Schritte auf dem Wege eines aufmerksamen In-sich-hinein-Horchens. Die Teilnehmer werden angeleitet sich zu entspannen und sich in einen meditativen Zustand zu begeben. Sie machen gemeinsam eine Fantasiereise, die sie auch durch ihr Unternehmen in der Zukunft führt. Sie sollen beobachten, was sie sehen, wenn sie sich das Unternehmen in der Zukunft vorstellen. Sie bekommen, während sie immer noch entspannt sind und Zugang zu ihrer Intuition haben, Fragen gestellt wie:

- Was für einen besonderen Nutzen stiftet das Unternehmen seinen Kunden?
- Was ist das Besondere an seinen Leistungen?
- Was bewirkt das Unternehmen für die Allgemeinheit?
- Was für Kunden hat das Unternehmen?
- Wo ist das Unternehmen überall vertreten?
- Welche Atmosphäre herrscht in dem Unternehmen?

Die Teilnehmer notieren in Stichworten, was ihnen in den Sinn kommt. Sie malen ein Bild von dem Unternehmen, wie es in der Zukunft sein soll – jeder für sich. Sie nehmen sich Zeit, um über beides zu reflektieren. Sie horchen weiter in sich hinein. Sie stellen sich in einer Fantasiereise nochmals vor, dass diese Zukunft schon da ist, sie beobachten alles ganz genau, sie erleben sich selbst in dieser Zukunft, sie nehmen wahr, wie sie sich in dieser Zukunft fühlen. Sie werden angeleitet, die Zukunft zu sehen, zu hören und körperlich zu empfinden. Sie ergänzen ihr Bild und ihre Notizen. Sie fragen sich, welche konkreten künftigen Erlebnisse sie als besonders belohnend empfinden würden. Sie schreiben auch diese Erlebnisse auf und stellen sich innerlich vor, dass sie geschehen. Zum Schluss teilen sie den Kollegen ihre Vision mit. Sie erzählen sie so, als ob sie schon wahr wäre. Sie begründen nichts, sie sagen nicht „Das ist so und so, weil sich doch das da und da hin entwickelt", sie sagen nicht, „Das muss dann so sein", sie erzählen vielmehr eine Geschichte aus der Zukunft, sie stellen dar, wie alles ist, und sie sagen, was ihnen diese Geschichte bedeutet. Die Reise nach innen, die hier beschrieben wird, braucht Zeit. Manchmal findet sie in mehreren Phasen statt.

Am Ende wird gemeinsam ein Text entworfen. Man fasst das in Worte, was allen gemeinsam ist. Der Text soll so präzise wie möglich wiedergeben, was man sich gemeinsam wünscht. Denn nur dann kann genau diese Vision entstehen. Daher zählt jedes Wort. Der Text wird auf Pinnwände eingetragen, die zwei Spalten haben. Links wird die Vision aufgeschrieben, rechts zu jedem Punkt die heutige Realität. Dadurch entsteht die Spannung zwischen Vision und Wirklichkeit.

Zwischendurch oder hinterher horchen die Teilnehmer nochmals in sich hinein, um ein Symbol für die gemeinsame Vision zu finden. Sie malen dieses Symbol auf ein Blatt Papier. Eines dieser Symbole kann die Metapher sein, mit der man die Vision später kommuniziert. Eines der Bilder, das allen am besten gefällt, kann man später im gemeinsamen Besprechungsraum aufhängen. Es erinnert dann immer wieder an die Vision. Auch ein Objekt, dass man in der Natur sucht, kann diese Funktion übernehmen. Ein mir bekannter Unternehmensleiter schenkte jedem seiner engsten Mitarbeiter einen Halbedelstein als Symbol für die gemeinsame Vision. Jeder legte ihn auf seinen Schreibtisch und brachte ihn zu wichtigen Meetings mit.

WAS BEDEUTET DIE VISION FÜR DAS TEAM?

Die Vision muss zuerst in dem Team wahr werden, das sie ent-wickelt hat. In diesem Team müssen Vertrauen, Offenheit, die Fähigkeit zum Zuhören etc. wachsen. Sich selbst zu verbessern, ist der erste Schritt der Verwirklichung. Daher fragt sich das Team, was es ändern muss, um die Vision zu leben. Manchmal sind die Antworten auf diese Frage schon alle in der Phase gegeben worden, wo nach dem Bedauern gefragt wurde. Manchmal ist ein Teamproblem sogar so gravierend, dass es vor Beginn des ganzen Prozesses gelöst werden muss. Es muss vielleicht erst eine emotionale Verstimmung zwischen zwei oder mehreren Teammitgliedern aus dem Weg geräumt werden, bevor man anfangen kann. In vielen Fällen treten an dieser Stelle jedoch neue Aspekte ans Licht. Das Team entdeckt vielleicht, dass

- ◆ es ungelöste Konflikte gibt,
- ◆ man nicht jeden gleich ernst nimmt,
- ◆ man immer nur seine Meinung verkauft, aber nie den anderen nach seiner Meinung und deren Hintergründen fragt,

- einer oder mehrere die Rolle des Dominanten spielen und andere die Rolle des Zurückhaltenden,
- man nicht wirklich offen miteinander umgeht und sich nicht schwierige Dinge sagt,
- bestimmte Prozeduren (Meetings, Entscheidungsabläufe) unbefriedigend sind oder
- Zuständigkeiten nicht zweckmäßig verteilt sind.

Solche Themen sind zu bearbeiten. (Ich verzichte an dieser Stelle darauf, bekannten Methoden der Teamentwicklung wie beispielsweise Prozessbeobachtung, Feedback und Rollenverhandeln zu beschreiben, ebenso wie ich in diesem Buch nicht näher auf die weiter unten erwähnte Methodik der Strategieentwicklung eingehe. Über beides gibt es bereits sehr viel gute Literatur.) Gegebenenfalls sind neue Normen, an die man sich halten will, zu vereinbaren. Eine Norm kann darin bestehen, dass man sich im Team regelmäßig fragt, ob alle sich wohl fühlen. Darauf wird normalerweise in Besprechungen nicht viel Rücksicht genommen. Doch die Vision ist immer ein Zukunftsentwurf, in dem sich alle voller Energie und großartig fühlen. Und in diesem Aspekt ist der Weg das Ziel. Wenn ein Team das Wohlbefinden in allen Meetings regelmäßig abfragt und die Reaktionen ernst nimmt, dann lernt es nach und nach, so miteinander umzugehen, dass alle sich wohlfühlen. Und dann ist auch die Energie aller da. Dieses Verfahren verlängert zwar am Anfang die Zeit, die man in Meetings braucht, doch auf Dauer verringert es sie.

WAS SOLL IN DREI JAHREN REALISIERT SEIN?

Man kann die Realisierung einer Vision nicht von A bis Z durchplanen. Denn man kennt den Weg zu ihr nicht. Wichtige Ideen und Erkenntnisse entstehen erst auf dem Weg. Die Vision erfüllt sich zum Teil dadurch, dass einem die richtigen Zufälle zufallen. Doch man kann und muss von A bis C planen. Man kann Schwerpunkte für die nächsten drei Jahre setzen und einen Plan machen, wie man dort hinkommt. Das ist dann, wie gesagt, nur ein Plan für einen Teil der Vision. Der Teil von D bis Z wird nicht geplant.

FÜHREN MIT VISIONEN

Um den Plan machen zu können, braucht man eine Vorstellung davon, was in drei Jahren sein soll – eine Art kurzfristiger Vision, obwohl es keine Vision in dem Sinne ist, wie ich den Begriff in diesem Buch verwende. Denn hier geht es stattdessen um eine Zielvorstellung, zu der man den Weg klar erkennen und festlegen kann.

Das Erfordernis, die Ziele für die nächsten drei Jahre festzulegen, stellt sich nicht allen Führungsteams, die ihre Vision ent-wickelt haben, im gleichen Maße. Vielleicht haben sie ihre mittelfristigen Ziele schon vorher festgelegt gehabt, sind bereits auf dem Weg und werden dabei auch durch keinerlei Ängste blockiert. Dann müssen die bestehenden Ziele nur daraufhin überprüft werden, ob sie im Lichte der Vision zu ergänzen sind.

Anderen Führungsteams ist der Weg von A bis C noch nicht klar. Es fehlt vielleicht an der Strategie, die hinsichtlich der Märkte, Segmente, Produktlinien, Vertriebswege und Wettbewerbsvorteile eingeschlagen werden soll. Dann ist an dieser Stelle strategische Planung vonnöten. Oder es fehlt an klaren und vollständigen Konzepten, wie die eigene Produktion, die Serviceorganisation oder ein anderer Teil des Unternehmens weiterentwickelt werden soll.

Möglicherweise kommen an dieser Stelle Ängste ins Spiel. Die Vision hatte ja einen Zeithorizont, der weit entfernt lag. Da fiel es den Mitgliedern des Führungsteams leichter, sich auf etwas sehr Herausforderndes zu verpflichten. Wenn es aber um die nächsten drei Jahre geht, beginnen bei dem einen oder anderen Fragen wie „Kann ich das wohl schaffen?" Solche Ängste haben eine positive Seite, denn sie verhindern, dass man sich etwas vornimmt, was nicht zu schaffen ist. Andererseits können sie aber auch bewirken, dass man nicht so hoch greift, wie man könnte.

Unter anderem, damit solche Ängste die Drei-Jahres-Zielvorstellung nicht unnötig beeinflussen, arbeite ich auch in dieser Phase in einer Weise, die die Teilnehmer mit ihren intuitiven Bewusstseinsschichten verbindet. Wenn wir wirklich entspannt sind, haben wir keine Angst. Da wir im Hier und Jetzt sind, stellen wir uns nicht vor, was alles schief gehen könnte. Daher entsteht auch hier durch In-sich-hinein-Horchen ein Bild davon, wie das Unternehmen in drei Jahren sein soll. Parallel dazu kann eine Menge rein rationaler Arbeit notwendig sein. Um etwa Strategien zu erarbeiten, muss diszipliniert eine strategische Analyse durchlaufen werden. Doch das Ergebnis – das, was man in drei Jahren sein will – sollte auch hier wie bei der Vision ein plastisches, lebendiges Bild in den Köpfen und Herzen der Mitglieder des Führungsteams sein. Denn dann ist die Chance der Verwirklichung am größten.

DIE VISION IM TEAM ENT-WICKELN **KAPITEL** 6

BLOCKADEN BESEITIGEN

Blockaden sind nichts Seltenes. Viele von uns haben Hoffnungen und Wünsche, doch zugleich blockieren wir deren Erfüllung. Wir geben mit dem einen Fuß Gas und stehen mit dem anderen auf der Bremse. Vielleicht trauen wir uns unsere Vision im Ganzen nicht zu oder wir haben Angst vor einer bestimmten Sache, die wir tun müssten, um unserer Vision näher zu kommen. Wir glauben einfach nicht, dass wir xy erreichen könnten oder tun könnten oder gut machen könnten.

Auch Führungsteams und ihre Mitglieder haben ihre angstbesetzten Themen. Manchmal ist die Folge nur, dass man interessante Chancen verpasst hat, in anderen Fällen hat man wichtige Aufgaben lange Zeit nicht oder nicht richtig angepackt und zum Problem auswachsen lassen. Ein Führungsteam, das ansonsten Selbstvertrauen hat, kann zum Beispiel dennoch blockiert sein bei

- einer Produktlinie
- einem Auslandsmarkt (oder dem Ausland schlechthin)
- einem Vertriebsweg
- einer Kundengruppe
- einem Kunden
- einer Abteilung
- einer Aufgabe
- einem Mitarbeiter

Dann fließt an dieser Stelle die Energie nicht. Da wir uns zu wenig zutrauen, kann sich auch kein Erfolg einstellen. Wir haben vielleicht schon dreimal versucht, nach Skandinavien zu exportieren, und es hat nicht geklappt. Wir glauben inzwischen vielleicht sogar, dass es grundsätzlich nicht geht, verkennen aber, dass wir in eine Falle geraten sind, die schon Sysiphos kannte. Wenn wir nicht glauben, dass der Stein oben ankommen wird, wird er immer wieder herunterrollen. Wir schieben den Stein dann auch nicht kräftig genug, das heißt, die Exportversuche nach Skandinavien finden übervorsichtig und mit zu begrenzten Mitteln statt. Es konnte so auch nicht funktionieren. Nicht selten lassen wir den Stein nach ein oder zwei vergeblichen Versuchen gleich unten liegen. Wir gehen die Aufgabe gar nicht mehr an.

Ein Führungsteam, das seine Vision verwirklichen will, sollte also aufrichtig prüfen, wo die Blockaden liegen, die es behindern könnten. Auch hier ist ein aufmerksames In-sich-hinein-Horchen erforderlich. Unsere äußeren Blockaden weisen auf unsere inneren Blockaden.

Es gibt nun verschiedene Ansätze, um solche Blockaden zu überwinden; sie haben alle eine Gemeinsamkeit: Derjenige, der sich blockiert fühlt, braucht eine lebendige, innere Vorstellung davon, welchen wünschenswerten Zustand er anstatt des heutigen ungeliebten Zustands erreichen will und wie er das tut, was ihm heute schwer fällt. Er muss diese Vorstellung innerlich so erleben, dass sie Wohlbefinden auslöst und Lust zum Handeln erzeugt.

Im einen Fall reicht es aus, dass sich das Führungsteam gemeinsam plastisch ausmalt, was man alles gewänne, wenn man in Skandinavien erfolgreich wäre, und was man, im Gegensatz dazu, verlöre, wenn man Skandinavien aufgäbe. Schon eine kleine Übung dieser Art kann die Lust, diese Aufgabe anzugehen, erneuern und das Team veranlassen, so zu handeln, als ob es bereits erfolgreich wäre. Dann wird es die Aufgabe kraftvoller und erfolgsorientierter angehen.

In anderen Fällen muss man vielleicht mehr innere Arbeit leisten. Mitglieder des Teams müssen vielleicht etwas tun, vor dem sie persönlich Angst haben: eine neuartige, ungewohnte Aufgabe bewältigen, einem wichtigen Kunden etwas Unangenehmes sagen, an eine neue Kundengruppe, die sie nicht kennen, herangehen, einen Mitarbeiter zur Rechenschaft ziehen, eine schwierige Verhandlung führen, vor mehr als zehn Leuten reden etc. Sie bräuchten dann eine Vorstellung von dem Nutzen, den sie haben, wenn sie das ihnen Unangenehme tun. Und sie müssten innerlich erleben, wie sie diese Sache tun. Sie müssten sich in dieser Situation entspannt und mit Wohlgefühl erleben. Manchmal muss diese Vorstellung mehrmals wiederholt werden – bis man sich dabei wirklich wohl fühlt.

Das Team als Ganzes und jedes Teammitglied identifiziert in dieser Phase die Ziele und die Aktivitäten, die es für die schwierigsten hält und wo es sich am meisten blockiert fühlt, und löst sich von seinen inneren Blockaden.

Es ist im Übrigen eine wichtige Funktion des Visionierens, sich von Ängsten zu befreien. Wenn wir das Matterhorn zum ersten Mal erklettern wollen, sollten wir uns viele Male vorstellen, wie wir dort hochklettern, wie wir Hindernisse überwinden und wie wir schließlich den Ausblick und das großartige Gefühl auf dem Gipfel genießen. Indem wir das tun, stellen wir zum einen fest, ob wir wirklich aufs Matterhorn wollen (ob das unsere Vision ist), und zum anderen bewältigen wir unsere Ängste. In diesem Sinne schreibt der amerikanische Unternehmer Larry Wilson über Vision: „Es ist, als ob man das Risiko schon vorher im Geist bewältigt hat, deshalb kann man sich in Regionen vorwagen, in die sich sogar der Teufel nicht hineintraut, weil man nur noch den Nutzen im Auge hat."

DIE VISION IM TEAM ENT-WICKELN **KAPITEL 6**

ZU GUTER LETZT: DAS HANDELN PLANEN

Am Ende werden die konkreten Schritte geplant. Doch wohlgemerkt, es sind nur die ersten Schritte, denn die Schritte bis zur ganzen Vision kennen wir nicht. Für die Schritte bis C werden, so wie wir es kennen, die Verantwortlichkeiten festgelegt: wer, mit wem, ab wann, bis wann, welche Art von Ergebnis etc.

Für die konkreten Schritte gilt die Devise „Handeln als ob", das heißt, so handeln, als ob sich die Vision bereits erfüllt hätte. Das ist nichts Ungewöhnliches, sondern das, was Menschen tun, die absolut in ihre Zukunft vertrauen. Ein Beispiel für „Handeln als ob": Man arbeitet, selbst wenn man noch klein ist, mit den besten externen Partnern (zum Beispiel Anwälten, Werbeagenturen etc.) zusammen, die man sich in dieser Phase leisten kann. Oder man lässt unnötige Aktivitäten los, an die man sich heute noch klammert. Das „Handeln als ob" ist ein deutliches Signal an das eigene Unterbewusstsein, dass man es mit der Vision wirklich ernst meint. Und es ist geschäftlich sinnvoll.

Was ist nun mit dem ganzen Prozess erreicht? Das Team hat seine Vision entdeckt und seinen Glauben daran gestärkt. Es hat ein Stück mehr von dem entdeckt, was in ihm steckt. Es hat einen Plan gemacht, was getan werden soll. Es hat seine Leichen aus dem Keller geholt. Das gibt ihm Selbstvertrauen. Es ist als Team zusammengewachsen. Wenn es ernsthaft an sich gearbeitet hat, wird es seine Vision erfüllen – und das ist das Wichtigste überhaupt. Die Verwirklichung dieser Vision geschieht in vielen Aspekten auf überraschende, unvorhersehbare Weise. Das Team wird Zeuge eines Abenteuers werden.

KAPITEL 7

Dialog oder Zen in der Kunst des Managementmeetings

- „Ich bin der Auffassung, dass es die Möglichkeit zur Transformation der Natur des Bewusstseins gibt, auf der individuellen wie auf der kollektiven Ebene. Ob dies kulturell und sozial erreicht wird, hängt ab vom Dialog."
- *David Bohm*

Das Konzept des Dialogs wurde von David Bohm entwickelt, einem weltbekannten Quantenphysiker, Philosophen und Mitglied der englischen Royal Society. Bohm hat mit dem Dialog nicht etwas Neues erfunden, sondern etwas Uraltes wiederentdeckt. Denn die Praxis des Dialogs wurde auch von den alten Griechen, von vielen Indianerstämmen Nordamerikas sowie sicherlich einer Reihe weiterer Kulturen und Naturvölker gepflegt. Er selbst hat die Möglichkeiten, die im Dialog stecken, in seinen Gesprächen mit Albert Einstein und Jiddu Krishnamurti intensiv erfahren. Auf die Bedeutung des Dialog-Konzepts von Bohm für das Management wiesen Peter Senge und Marvin Weisbord hin.

David Bohm hat sich schon früh mit den Parallelen zwischen der Quantenphysik und dem menschlichen Denken befasst. Er kam zu der Schlussfolgerung, dass das Denken nicht nur individuell, sondern auch kollektiv ist, dass es so etwas wie ein kollektives Bewusstsein – einen *Gruppengeist* – gibt. Wenn es gelingt, dieses kollektive Bewusstsein durch Dialog innerhalb einer Gruppe von

Menschen zu entwickeln, dann steigen die Intelligenz, die Lernfähigkeit und die Kreativität dieser Gruppe. Dann werden Differenzen überbrückt und es entsteht Kohärenz. Und das ist ja genau das, was wir in Managementteams erreichen wollen.

Bohm vergleicht das Konzept des Dialogs mit dem Phänomen der Supraleitung. Bei normaler Temperatur bewegen sich die Elektronen ungeordnet durch den elektrischen Leiter. Sie prallen ständig gegeneinander. Das erzeugt Widerstand. Wenn nun die Temperatur des Leiters genügend abgekühlt wird, dann beginnen sich die Elektronen zu ordnen. Sie prallen nicht mehr gegeneinander, sondern sie tanzen, bildlich gesprochen, einen Reigen, und zwar an allen Hindernissen vorbei. Der elektrische Widerstand sinkt gegen Null, der Effekt der Supraleitung entsteht. Es gibt keine uns bekannte mechanische oder elektrische Ursache dafür, dass die Elektronen sich zu einem Reigen ordnen. Sie tun es allem Anschein nach aufgrund der Wirkung eines Energiefeldes – also eines kollektiven Bewusstseins.

Was bei der Supraleitung geschieht, ist auch eine wunderbare Metapher für das Team, das seinen Gruppengeist entdeckt hat und zu *einem* Organismus wird. David Bohm sieht als Zugangsweg zur Entfaltung des Gruppengeistes den Dialog. Wenn ein Team einen Dialog führen will, dann muss es, so sagt er, seine Temperatur abkühlen. Was das genau heißt, wird sehr deutlich, wenn wir betrachten, was üblicherweise in Führungsteams passiert. Denn dort ist die Temperatur keineswegs kühl, sie ist allenfalls lauwarm und oft sogar ausgesprochen heiß.

DISKUSSION

Was wir gewohnt sind, ist Diskussion, nicht Dialog. Es ist so sehr kulturelle Norm zu diskutieren, dass uns schon gar nicht mehr bewusst ist, dass es auch etwas anderes gibt. In der Diskussion haben wir eine Meinung, mit der wir identifiziert sind. Wir merken es vielleicht nicht, doch in gewissem Sinne haben nicht wir unsere Meinung, sondern unsere Meinung hat uns. Es fällt uns sehr schwer, von ihr zu lassen. Wir wollen sie anderen präsentieren und die anderen davon überzeugen.

In der Diskussion haben wir auch eine Absicht. Wir wollen gewinnen – gegen die Meinung der anderen. Wir wollen verstanden werden. Wir wollen auf ein konkretes Ergebnis, eine Entscheidung in unserem Sinne hinaus. Wenn unsere Meinung infrage gestellt wird, verteidigen wir sie. Gefühle des Ärgers über die gegensätzliche Meinung des anderen entstehen. Wir nehmen das selbst oft kaum wahr und man kann es äußerlich auch oft nicht deutlich an uns erkennen. Doch wir werden emotional. Unsere Temperatur geht unmerklich hoch. Die der anderen auch. Das heißt noch nicht, dass wir hitzig oder gar aggressiv werden. So weit muss es nicht kommen. Doch wir hören den anderen nicht mehr wirklich zu. Während die anderen sprechen, legen wir unsere Argumente zurecht. Wir wollen Stärke zeigen und nicht von unserer Position abrücken. In unseren Antworten gehen wir auf unseren Vorredner kaum noch ein. Wir fragen ihn nicht, wie er zu seiner Meinung gekommen ist. Wir versuchen nicht wirklich, ihn zu verstehen. Innerlich geben wir ihm die Schuld dafür, dass die Kommunikation nicht funktioniert. Die Temperatur ist hoch genug, dass die Meinungen so wie die Elektronen aufeinander prallen und viel Widerstand erzeugen. Wenn auf diese Weise diskutiert wird, dann lernt die Gruppe nur noch begrenzt. Sie bleibt weit unter ihren Möglichkeiten.

Natürlich ist auch die Diskussion, solange sie „lauwarm" und nicht „erhitzt" ist, für ein Managementteam von Wert. Denn Managementteams müssen Beschlüsse fassen. Dazu müssen sie vorher das Für und Wider erörtern. Dabei hat jedes Teammitglied eine Meinung, mit der es identifiziert wird, und es verfolgt eine Absicht, nämlich den Beschluss in seinem Sinne zu beeinflussen. Und das bedeutet Diskussion. Doch im Vorlauf zu Entscheidungen müssen oft komplexe Themen und Probleme erst einmal ausführlich untersucht werden. Hier müssen die Teammitglieder offen sein und voneinander lernen. Sie müssen die Sichtweise ihrer Kollegen erkennen.

Und das zu erreichen, vermag eine Diskussion nur ungenügend. Sie blockiert das Entstehen kollektiver Intelligenz. Sie trennt Menschen und bringt sie oft miteinander in Konflikt, wo eigentlich nur die Meinungen und nicht die Menschen miteinander in Konflikt stehen.

DIALOG

Dialog könnte man „Zen in der Kunst des Managementmeetings" nennen. Vielleicht kennen Sie, lieber Leser, die meisterhafte Beschreibung des Zen-Bogenschützen, die wir Eugen Herrigel verdanken. Der Schütze befindet sich, wenn er zum Schuss ansetzt, in höchster Konzentration und Gelassenheit. Er ist nicht mit der Absicht identifiziert, das Ziel zu treffen. Ob er trifft oder nicht, ist ihm gleich, er ist absichtslos, spielerisch, „kühl". Der Weg ist das Ziel. Er ist „unbewegte Mitte", wie es im Zen heißt. Er denkt nicht, sondern er nimmt mit allen Sinnen wahr, er ist selbstvergessen und wahrhaft spontan. Und genau dadurch wird er zum meisterhaften Schützen, der mühelos und mit Grazie schießt – und trifft.

In der Diskussion sind wir mit unseren Meinungen identifiziert, wir sind auf das Ziel fixiert zu gewinnen, wir wollen ein konkretes Ergebnis erreichen, wir sind absichtsvoll und ernst. Wir sind wenig aufmerksam, hören nicht gut zu und nehmen nicht wahr, was in uns selbst vorgeht. Unsere Emotionen, die als Reaktion auf die Gegenargumente der anderen entstehen, lenken auf subtile Weise unser Denken und Handeln. Wir sind nicht wirklich Herr unserer selbst.

Im Dialog lösen wir uns von der Identifikation mit unserer Meinung, wir haben nicht das Ziel zu gewinnen, wir sind absichtslos und spielerisch. Wir sind konzentriert und gelassen und hören den anderen aufmerksam zu. Wir nehmen wahr, was in uns abläuft, ob wir uns beispielsweise ärgern oder uns von einer unbequemen Meinung bedroht fühlen. Da wir unsere Gefühle wahrnehmen und damit auch zugleich erkennen, dass wir nicht unsere Gefühle sind (sondern der, der die Gefühle beobachtet), sind wir Herr unserer selbst. Wir erreichen zwar nicht den Grad der Konzentration und Bewusstheit des Zen-Bogenschützen, doch wir sind aufmerksamer als sonst.

Ein absichtsloser, spielerischer Dialog hat einen anderen Zweck als eine Diskussion. Es geht darin nicht darum, eine Idee durchzusetzen, eine Lösung für ein bestimmtes Problem zu finden oder eine Entscheidung zu treffen. Das Team will im Dialog eine komplexe Materie erörtern, es will Sichtweisen kennen lernen, neue Einsichten und Erkenntnisse gewinnen und es will mehr Gleichklang in sich selbst schaffen. Im Dialog steuern wir nicht auf ein konkretes Ergebnis zu, nicht einmal auf das Verstandenwerden. Denn sonst würde die Temperatur gleich wieder steigen. Beim Dialog ist der Weg das Ziel. Das ist ungewohnt für unsere Managementkultur, die verlangt, jede Minute nützlich zu verbringen.

	Dialog	Diskussion
Ziel	kein konkretes Ziel, der Weg ist das Ziel, Erkenntnisse und Einsichten gewinnen, Lernfähigkeit, Kreativität, Vertrauen und Offenheit entstehen lassen	andere von einer Idee überzeugen, eine Entscheidung treffen, eine Lösung entwickeln, Konsens über das Vorgehen finden
Weg	eigene Meinungen und Annahmen mitteilen und zugleich zeitweilig außer Kraft setzen	eigene Meinungen und Annahmen darstellen und verteidigen
	nicht identifiziert	identifiziert
	andere Meinungen nicht bewerten	andere Meinungen bewerten
	eigenes Denken beobachten	eigenem Denken verhaftet sein
	absichtslos, spielerisch	absichtsvoll, ernst
	„kühl", entspannt	„warm" bis „erhitzt", angespannt

Als Resultat des Dialogs können sich Entscheidungen ergeben oder sich quasi aufdrängen, doch das muss nicht so sein. David Bohm berichtet von einem Anthropologen, der lange Zeit bei einem Indianerstamm gelebt hat. Dieser Stamm traf sich regelmäßig zum Dialog, alle wurden gehört; es fielen keine Entscheidungen, doch hinterher wusste jeder, was zu tun war. Dieses Ideal wird in Managementteams nicht dauerhaft entstehen. Doch es kann hin und wieder als Resultat eines Dialogs allen klar werden, dass man etwas Bestimmtes tun muss, sodass sich die formelle Entscheidung darüber erübrigt.

MEINUNGEN UND ANNAHMEN AUSSER KRAFT SETZEN

Das zentrale Element des Dialogs besteht darin, die eigenen Meinungen und Annahmen zeitweilig außer Kraft zu setzen. Was bedeutet das? Was sind überhaupt Annahmen im Vergleich zu Meinungen?

Mit unseren Meinungen sind wir in unterschiedlichem Maße identifiziert. Wir meinen vielleicht, dass der neue Fahrradständer hinten links im Hof der Firma aufgestellt werden sollte. Dann führt ein Kollege gute Gründe für „hinten rechts" an. Da wir wenig mit unserer Meinung identifiziert sind, erkennen wir den Sinn der Argumente unseres Kollegen und finden schnell zu einer Lösung. Mit anderen Meinungen sind wir in erheblich größerem Maße identifiziert. Wieder andere sind dann sogar tief verwurzelte Ansichten, die uns als völlig selbstverständlich und als absolut unumstößlich erscheinen. Das sind unsere Annahmen. Unsere Annahmen können eine Vielzahl von Themen betreffen: was das oberste Ziel eines jeden Unternehmens ist, wie man Menschen führt, wie motiviert oder unmotiviert andere Menschen sind, wie das xy-Ressort denkt, was im Markt Erfolg hat usw. Dann gibt es noch Annahmen ganz grundsätzlicher Natur, über Gott und die Welt sozusagen.

Es ist uns meist nicht bewusst, dass wir Annahmen über die Welt machen. Wenn wir jemand anderen treffen, der andere Annahmen hat, dann denken wir, dass wir die wahre Wirklichkeit erkennen und der andere irregeleitet ist. Wir interpretieren alles, was wir wahrnehmen, durch das Netz unserer Annahmen. Im Klartext: Wir lassen in der Regel nur das als Information in uns hinein, was unsere Annahmen bestätigt. Wir hängen sehr an unseren Annahmen, wir betrachten sie gewissermaßen als Teil unserer Identität.

Im Dialog sollen wir unsere Annahmen und auch die Meinungen, mit denen wir etwas weniger identifiziert sind, zeitweilig außer Kraft setzen. Das heißt nicht, dass wir sie nicht sagen sollen – im Gegenteil. Doch wir sollen sie nicht für die alleinige Wahrheit halten. Wir sollen unsere Annahmen und Meinungen nicht verteidigen.

Wenn in einer Diskussion jemand eine Annahme oder Meinung äußert, die der unsrigen widerspricht, dann werden wir emotional – auch wenn wir es selbst kaum so wahrnehmen. Wir spannen uns innerlich an. Im Dialog sollen wir unsere Gefühle und Gedanken in solchen Situationen beobachten. Wir sollen erken-

Anleitung zum Dialog

- Wir haben in diesem Dialog kein konkretes Ziel. Es geht um nichts.
- Nehmen Sie jeden gleich wichtig! Geben Sie jedem Raum zu reden! Sie können von jedem lernen.
- Teilen Sie Ihre Meinungen und Annahmen offen mit! Sprechen Sie auch schwierige Themen an!
- Überlegen Sie, welche Annahmen Sie über die Einstellung, das Denken und Handeln der anderen im Zusammenhang mit unserem Thema haben! Teilen Sie sie mit!
- Setzen Sie ihre Meinungen und Annahmen zeitweilig außer Kraft! Identifizieren Sie sich nicht mit ihnen! Verteidigen Sie sie nicht!
- Wenn andere Meinungen oder Annahmen äußern, die den Ihren widersprechen, dann beobachten Sie Ihr Denken und Ihre Gefühle! Bleiben Sie entspannt! Bewerten Sie die Meinungen und Annahmen der anderen nicht als richtig oder falsch! Jede Meinung und Annahme hat ihre Gültigkeit!
- Teilen Sie mit, welche Beobachtungen und welche Logik zu Ihren Meinungen und Annahmen geführt haben! Unterscheiden Sie bewusst zwischen Beobachtungen und Schlussfolgerungen!
- Ermutigen Sie andere, Lücken in Ihrem Denken aufzudecken und andere Sichtweisen zu präsentieren!
- Erforschen Sie auch die Hintergründe der Meinungen und der Annahmen der anderen! Fragen Sie nach, welche Beobachtungen sie zu ihren Meinungen gebracht haben! Fragen Sie, fragen Sie, fragen Sie!
- Seien Sie aufmerksam!

nen, dass Ärger in uns entsteht und dass wir uns bedroht fühlen. Allein die Beobachtung hilft uns meistens schon genug, um diese Gefühle wieder abflauen zu lassen. Und es hilft uns, dass wir im Dialog kein Ziel verfolgen. Denn es sollen keine Entscheidungen fallen. Manchmal ist es für uns auch befreiend, anderen mitzuteilen, dass wir uns ärgern – ohne dabei jedoch anderen Vorwürfe zu machen, denn der Ärger ist *unser* Problem. Dadurch dass wir unsere Emotionen beobachten, erkennen wir unser eigenes Denken. Wir werden uns bewusst, wie sehr wir unseren Meinungen verhaftet sind.

Wenn jemand im Dialog eine Annahme oder Meinung äußert, die unserer Meinung widerspricht, dann bewerten wir diese nicht, weder innerlich noch in einer Replik. Die Annahmen der anderen sollen wir nicht glauben und nicht nicht glauben. Wir nehmen sie einfach als das, was sie sind, eben Annahmen.

Im Dialog verschweigen wir unsere Annahmen und Meinungen nicht. Wir reden nicht um die Tabus herum. Wir sprechen die wichtigen und kritischen Themen an. Wenn es um einen bestimmten Sachverhalt geht, dann machen wir uns bewusst, welche Annahmen wir zugrunde legen. Dazu gehören auch die Annahmen, die wir über die Einstellung, das Denken und Handeln unserer Kollegen und deren Ressorts oder Abteilungen machen.

Gerade solche Annahmen werden oft verschwiegen, was zu erheblichen Missverständnissen und sich zirkulär verstärkenden Vorurteilen führen kann. Im Dialog werden die Annahmen und Meinungen mitgeteilt und zugleich zeitweilig außer Kraft gesetzt. Wir stellen sie nicht als absolute Wahrheit dar, sondern als unsere Wahrnehmung der Wirklichkeit.

DEN HINTERGRUND UNTERSUCHEN

In der Praxis des Unternehmensalltags beherrschen wir viele subtile Mechanismen, um anderen deutlich zu machen, dass an der Gültigkeit unserer Ansichten nicht gezweifelt werden darf. Wir tragen unsere Meinungen beispielsweise so kraftvoll vor, dass andere sich eingeschüchtert fühlen. Oder wir präsentieren unsere Meinungen, ohne dass wir sagen, wie wir zu diesen Meinungen gekommen sind.

Beim Dialog wollen wir Meinungen bewusst infrage stellen und ihre Hintergründe erforschen. Auf welchen Fakten und Beobachtungen basieren sie tatsächlich? Wird eine Meinung durch viele Beobachtungen gestützt oder sind es nur zwei oder drei Vorfälle, die uns dazu bringen, Behauptungen in der Art zu treffen wie „Ausländer sind rücksichtslose Autofahrer"? Wir sind es leider zu wenig gewohnt, zwischen Beobachtung und Schlussfolgerung zu unterscheiden, und lassen uns gern zu vorschnellen Generalisierungen verleiten. Auf diese Weise entsteht zum Teil das Netz der Annahmen, durch das wir in der Folge die Welt sehen.

Im Dialog sollen wir unsere Meinungen sagen und darlegen, wie wir dazu gekommen sind. Das hilft den anderen, unsere Sichtweise nachzuvollziehen. Darüber hinaus sollten wir die anderen sogar ermutigen, die Logik hinter unserer Meinung zu überprüfen und alternative Sichtweisen zu präsentieren. Genau darauf haben wir natürlich normalerweise keine Lust. Wir wollen uns eigentlich gerade nicht angreifbar machen. Ein fruchtbarer Dialog setzt aber voraus, dass wir auch den Hintergrund von Meinungen und Annahmen erforschen. Wir ermuntern andere, dies bei uns zu tun, und tun es umgekehrt bei ihnen. Wir wollen wirklich erfahren, wie die anderen denken, und stellen daher Fragen wie „Wie sind Sie zu dieser Meinung gekommen?" oder „Welche Überlegungen haben dazu geführt, dass Sie diese Frage stellen?" Für die Gruppe als Ganzes ist es ein Gewinn, das Denken aller möglichst gut kennen zu lernen. Dialog heißt fragen, fragen, fragen und noch einmal fragen – und zuhören.

GLEICHHEIT

Voraussetzung für den Dialog ist eine Atmophäre der Gleichheit. Jeder wird als gleich wichtig betrachtet. Jeder wird ernst genommen. Von jedem wird angenommen, dass er etwas Wichtiges beitragen kann. Jedem wird Raum gegeben zu reden. Hierarchie soll im Dialog keine Rolle spielen. Sicherlich wird auch sonst, wenn wir diskutieren, oft propagiert, dass es hierarchiefrei zugehen soll. Doch wenn es um Absichten geht, wenn Meinungen verteidigt werden, dann scheint mir das ein unrealistisches Unterfangen zu sein. Man kann dann höchstens die Hierarchie etwas in den Hintergrund treten lassen.

Es ist günstig, einen Moderator zu haben, der die Bedingungen des Dialogs herstellt. Der Moderator erkennt, wer dominieren will und wer sich zurückhält, und wirkt dem entgegen. Der Moderator macht der Gruppe auch bewusst, was passiert. Er spürt, wenn die Temperatur hoch geht, und ermuntert die Gruppe, sich selbst zu fragen, ob das, was sie gerade tut, eigentlich noch Dialog ist.

DER NUTZEN DES DIALOGS

Wenn eine Gruppe einen Dialog führt, entstehen eine Reihe von Wirkungen:

- Es haben zwar nicht hinterher alle die gleichen Meinungen und Annahmen, doch es ist ein gemeinsames Bewusstsein entstanden. Denn alle kennen die Meinungen und Annahmen aller besser als vorher, auch die eigenen. Zu den Meinungen der anderen gibt es weder zustimmende, positive noch ablehnende, negative Gefühle. Der gemeinsame Pool an Meinungen und Annahmen wird wichtiger als die Meinungen und Annahmen der Einzelnen.
- Obwohl es nicht Ziel des Dialogs ist, eine bestimmte Wahrheit herauszufinden und sich darauf zu einigen, was Wahrheit ist, kommt die Gruppe der Wahrheit näher. Es beginnt etwas Neues durchzuscheinen. Damit ist der „Wirklichkeitspol" der kreativen Spannung zwischen Vision und Wirklichkeit gestärkt worden.
- Es entstehen mehr Lernfähigkeit, Kreativität und Intelligenz. Die Gruppe beginnt, zusammen zu denken. Da man gegenüber anders lautenden Meinungen keine feindlichen Gefühle hat, kann man sie aufnehmen und weiterspinnen.
- Es entstehen Vertrauen und Offenheit. Jeder durfte in einer Atmosphäre der Gleichheit seine Gedanken aussprechen und hat eine nicht bewertende Akzeptanz gefunden. Wir wurden nicht angegriffen und mussten uns nicht verteidigen. Das ermutigt uns, weiter direkt im Meeting das zu sagen, was wir denken, und nicht erst hinterher – auf dem Gang, auf dem Parkplatz oder abends bei Freunden.
- Jeder fühlt sich wohler als vorher, weil er die Chance hatte, das zu sagen, was er sagen wollte.
- Es entsteht ein Geist, der auch auf die Diskussionen, die dieses Team später führen muss, abfärben wird. Die Diskussionen werden gelöster und offener sein. Wir werden auch in Diskussionen eher in der Lage sein, dem anderen wirklich zuzuhören und uns für seine Sichtweise zu interessieren.
- Kein Einzelner gewinnt, doch alle gewinnen.

Dialog ist nicht etwas, was man während der zweiwöchentlichen Geschäftsleitungssitzung am Dienstagvormittag einmal für eine halbe Stunde versucht. Man sollte den Dialog mit einem wirklich wichtigen Thema üben und sich dafür Zeit nehmen. Es sollte ein Thema sein, das kontrovers ist, das möglicherweise einen schwierigen und schon seit längerer Zeit nicht gelösten Konflikt enthält und bei dem die Temperatur in einer Diskussion, wie wir sie gewöhnt sind, leicht hoch gehen würde. Bei solchen Themen entfaltet der Dialog am meisten Nutzen. Das Thema kann generell gefasst sein, zum Beispiel: „Was sind die grundlegenden Faktoren, die das Funktionieren unseres Unternehmens fördern oder behindern?"

Ich bin überzeugt, dass Unternehmensleitungen sich in Abständen Raum geben sollten, um einen Dialog zu führen. Auch wenn ein Führungsteam seine Vision ent-wickelt und Strategien erarbeitet, sollten die ersten Phasen, in denen man eine gemeinsame Informationsbasis aufbaut, im Dialog-Modus durchgeführt werden. Man muss sich bei der strategischen Analyse nicht auf *eine* Sicht der Welt einigen, sondern erst hinterher, wenn man die eigentlichen Strategien festlegt. In dieser Phase ist also Diskussion gar nicht nötig. Es wird einige stören, dass man nicht von Anfang an mit jedem Schritt zu einer Entscheidung oder einem konkreten Ergebnis kommt. Zu sehr sind wir der Vorstellung verhaftet, dass alles einen unmittelbaren Nutzen haben muss. Doch dadurch bleibt das Team offen, lernt mehr und wird kreativer. Es baut gewissermaßen eine Spannung auf, die am Ende zu innovativeren Lösungen führt.

DIE ENTFALTUNG DES GRUPPENGEISTES

Dass durch Dialog in einem Führungsteam der Gruppengeist entfaltet wird, ist eine kaum zu beweisende Hypothese. Denn dieser Gruppengeist ist (zumindest heute) nicht messbar. Dennoch wollten der amerikanische Maler und ehemalige Psychiater David Shainberg und der Journalist John Briggs, die beide das Gedankengut von David Bohm kennen, herausfinden, ob dieser Gruppengeist entsteht.

Sie etablierten eine Dialoggruppe, die sich über ein Jahr hinweg regelmäßig traf. Alle Treffen wurden auf Band aufgenommen und hinterher schriftlich zusammengefasst. In der nachträglichen Analyse wurde Shainberg und Briggs klar, dass die zuerst willkürlich und zufällig erscheinenden Wege und Wirren des Dialogs einer „eleganten Ordnung und erstaunlichen Logik" folgten. Sie schrieben auch, dass sie die Präsenz dieses Gruppengeistes fühlen konnten, dass da etwas anderes als ihr individuelles Bewusstsein war.

Während wir mitten im Dialog stecken, ist dies nach meiner Erfahrung kaum wahrnehmbar. Wir haben manchmal eher mit Frustrationen zu kämpfen, weil es

DIALOG ODER ZEN IN DER KUNST DES MANAGEMENTMEETINGS **KAPITEL 7**

so viele unterschiedliche Meinungen gibt und weil wir uns fragen, ob das, was wir tun, schon Dialog ist oder ob wir nicht vieles noch falsch machen. In der Praxis entsteht meist eine Mischung aus Dialog und Diskussion. Unser Verstand hängt zu sehr an seinen Meinungen und Annahmen, als dass er sie leicht außer Kraft setzen könnte. Es ist Aufgabe des Moderators, der Gruppe bewusst zu machen, ob sie gerade diskutiert oder Dialog führt. Dialog muss wie fast alles andere auch gelernt werden.

Kommen wir zum Schluss noch einmal zur Metapher der Supraleitung, die David Bohm herangezogen hat, um die Eigenschaft des Dialogs zu erklären. Das Team wird „abgekühlt" und damit „supraleitend". Eine andere Form der „Abkühlung" als den entspannten Dialog habe ich in den vorherigen Kapiteln beschrieben: Wenn ein Team etwas Meditatives tut, also meditiert oder durch eine Fantasiereise geleitet wird oder in sich hineinhorcht, um seine Vision zu entdecken, dann ist die Wirkung dem Effekt der Supraleitung vergleichbar; das Team bekommt mehr Energie, es entfaltet seinen Gruppengeist und wird mehr zu *einem* Organismus. Und etwas Ähnliches findet in jedem Einzelnen statt. Wenn ein Einzelner sich tief entspannt und zugleich aufmerksam ist, dann beginnen sich seine Gehirnwellen zu synchronisieren. Sie werden kohärent und ordnen sich ähnlich wie die Elektronen im Supraleiter zu einer Art Reigen. Das ist empirisch erforscht worden. Unser Bewusstsein wird, bildlich gesprochen, supraleitend. Es entsteht eine „Leitung" zwischen dem Bewussten und dem weniger Bewussten, zwischen der linken und der rechten Hirnhälfte und auch zwischen unserem eigenen Bewusstsein und dem der anderen. Es ist also das gleiche Prinzip, das auf vielen Ebenen gilt.

KAPITEL 8

Die Vision vermitteln

> „Wenn ich den Drang zum Meer in dir begründen möchte, beschreibe ich das fahrende Schiff, die Sternennächte und das Reich, das von einer Insel im Meer durch das Wunder der Düfte erbaut wird [...] Die noch unsichtbare Insel richtet ihren Markt auf dem Meer ein wie ein Korb voller Gewürze."
>
> *Antoine de Saint-Exupéry*

Wir müssen die Vision unseren Mitarbeitern vermitteln, und zwar so, dass sie im besten Fall zu einer Kraft in deren Herzen wird. „Vermitteln" ist in diesem Zusammenhang nicht der beste Ausdruck, da er eine einseitige Kommunikation suggeriert. In Wirklichkeit sollten wir einen Dialog über die gemeinsame Vision in Gang setzen. Wir sollten auch auf die Visionen unserer Mitarbeiter hören und sie in das, was wir vorher ent-wickelt haben, integrieren. Wir vermitteln die Vision in dem Sinne, dass wir als Führungskräfte Mittler für die Vision aller sind. Die Gemeinschaft aller Mitarbeiter des Unternehmens hat immer bereits unbewusst eine Vision. Die Führungskräfte gestalten den Prozess, in dem diese gemeinsame Vision ins Bewusstsein gelangt und zu einem kraftvollen Wunsch wird.

Der beste Weg, den Mitarbeitern die gemeinsame Vision bewusst zu machen, besteht nach meiner Erfahrung darin, diese selbst eine Vision entwerfen zu lassen. Praktikable und sehr lohnende Wege hierzu werden in den nächsten zwei Kapiteln beschrieben. Der zweitbeste (gleichwohl ebenfalls wirksame) Weg besteht darin, mit einer *Roadshow* durch die Lande zu ziehen. Das oberste Ma-

DIE VISION VERMITTELN KAPITEL 8

nagement und Multiplikatoren stellen den Mitarbeitern die Vision auf so genannten Informationsmärkten dar, holen Feedback ein und geben hinterher wiederum Rückmeldung darüber, was aus dem Feedback geworden ist.

Wie immer der Prozess genau gestaltet wird, es werden Führungskräfte benötigt, die ihre Vision so mitteilen können, dass sie das Herz und nicht das kritische Erwachsenen-Ich der Mitarbeiter erreicht. Sowohl auf Informationsmärkten wie bei den in den beiden folgenden Kapiteln beschriebenen Visionsprozessen ist es gut, wenn sich eine Führungskraft vor die Mitarbeiter stellt und die Vision ansprechend beschreibt. Nach meinen Beobachtungen ist es eine der am seltensten beherrschten Führungsfähigkeiten. Was könnten Gründe dafür sein?

Zu Führerschaft sind diejenigen prädestiniert, die die Hoffnungen und Ideale ihrer Mitarbeiter besser kennen als diese selbst – und zwar, weil sie ihre eigenen Hoffnungen und Ideale gut kennen. Zum Beispiel das Ideal, bei der Arbeit Freude zu erleben, Stolz auf die eigene Leistung zu spüren und in einer Gemeinschaft zu arbeiten, in der Vertrauen herrscht. Nach meiner Beobachtung sind wir häufig von unseren echten Werten genauso weit entfernt wie unsere Mitarbeiter. Wir fühlen sie nicht. Daher können wir sie auch nicht unseren Mitarbeitern bewusst machen. Wir müssen uns also (sofern wir es nicht schon getan haben) erst einmal unsere eigene Vision mit all ihren Facetten wirklich bewusst machen.

Ein zweiter Grund dafür, dass wir so selten ein Feuer in anderen entzünden können, liegt darin, dass es uns schwer fällt, uns emotional auszudrücken. Wir lassen immer unseren Kopf sprechen, begründen alles, legen Argumente dar. Wir reden jedoch ungern über unseren idealistischen Traum – selbst dann, wenn wir einen haben. Vision zu vermitteln, verlangt jedoch genau dies.

Um eine Vision zu vermitteln, bedarf es keines besonderen Charismas oder sonst einer Eigenschaft, von der Sie vielleicht annehmen, dass Sie sie nicht haben. Es geht einfach darum, dass wir unsere Vision ehrlich beschreiben, dass wir von unserem Herzen sprechen. Natürlich kommt es auch auf die Energie an, die wir ausstrahlen, während wir sprechen. Denn diese Energie übertragen wir unmittelbar. Wir sollten daher, wenn wir zu unseren Mitarbeitern reden, gelassen und in unserer Mitte und in der damit einhergehenden optimistischen Verfassung sein. Wir tun gut daran, uns durch eine Übung der Entspannung in einen energiereichen Zustand zu versetzen, sodass wir auch bei der Rede unseren Bauch und unsere Füße auf dem Boden spüren und wie ein aufrechte Eiche dastehen. Die Tatsache, dass wir, wenn wir unsere Vision beschreiben, über etwas reden, das aus unserer Mitte kommt, hilft uns sehr, dabei in unserer Mitte zu bleiben. Wir reden ja über das Wichtigste, über das wir überhaupt reden können.

REGEL 1: NICHTS VORSCHREIBEN – FREIHEIT LASSEN!

Da wir rational sind, begründen wir gerne unsere Vision. Wir sagen vielleicht:

- „Wir müssen wachsen, da die Wettbewerber sonst schneller wachsen als wir und uns verdrängen könnten."
- „Wir haben im letzten Jahr viel erreicht und können mit uns zufrieden sein. Doch der Wettbewerb schläft auch nicht. Daher müssen wir uns weiter anstrengen und unsere Qualität und Kundenorientierung verbessern."
- „Weil die Welt immer internationaler wird, müssen auch wir international denken und uns deshalb an den Liefer- und Absatzmärkten der ganzen Welt orientieren."
- „Nur mit motivierten Mitarbeitern können wir die Herausforderungen der Zukunft bewältigen."

Es ist nicht grundsätzlich verkehrt, in dieser Weise zu reden, und nicht selten sogar angebracht. Allerdings vermitteln wir damit keine Vision. Wir motivieren nur für ein begrenztes Ziel. Wir drängen unsere Mitarbeiter, und das ist legitim, in eine bestimmte Richtung mit zu gehen.

Wenn wir Vision vermitteln wollen, müssen wir jedoch unseren Mitarbeitern die volle Freiheit lassen, diese Vision zu ihrer eigenen zu machen oder nicht. Es liegt ein Paradoxon darin: Wir beeinflussen am besten, wenn wir nicht direkt beeinflussen wollen. Unsere Botschaft ist uns wichtig, wir stehen zu ihr, doch wir wollen sie anderen nicht aufdrängen. Daher sollten wir unsere Vision nicht begründen. Wir sollten nicht Worte wie „sollen", „müssen", „weil" und „daher" verwenden. Wir sollten keine Suggestivfragen stellen wie „Wollen Sie denn nicht auch für dieses große Ziel antreten?" „Nein, will ich nicht", denkt sich dann der Mitarbeiter.

Wir sollten unsere Vision nicht begründen, weil sie letztlich nicht begründbar ist. Wir haben sie und wir können nicht anders. Natürlich könnten wir begründen, warum unser Unternehmen oder unsere Abteilung Produkte von makelloser Qualität erzeugen soll oder warum es oder sie wieder rentabel werden muss. Doch wenn wir von der Vollkommenheit reden, der wir uns mit der Zeit in allem annähern wollen, von dem leuchtenden Juwel, zu dem unsere Firma in allen ihren Facetten werden soll, dann ist das nicht mehr begründbar.

Unsere Mitarbeiter wollen nicht immer nur gesagt bekommen, was sie denken und tun sollen. Sie wollen auch einmal wissen, was in uns vorgeht.

REGEL 2: DEN TRAUM EINFACH BESCHREIBEN!

Wir erzählen also einfach eine lebendige Geschichte darüber, wie die Zukunft werden soll. Wir können es machen wie der Fraktionschef einer Partei in einem Landtag, den ich einmal traf und der in einer Rede beschrieb, was er sieht, wenn er zehn Jahre später von einer Reise in sein Bundesland zurückkehrt. Statt „Weil die Welt immer internationaler wird, müssen auch wir international denken" sagen wir dann beispielsweise:

> „Heute (im Jahr 2010) ist die Welt tatsächlich zu einem Dorf zusammengewachsen. Bildtelefone und Telekonferenzen sind preiswert geworden und verbinden in einem dichten und pulsierenden Netz Menschen auf lebendige Weise über alle Ozeane hinweg. Neue Erkenntnisse, neue Entwicklungen und neue Trends werden rasch wie der Wind von Land zu Land und von Kontinent zu Kontinent übertragen. Die ganze Welt befindet sich inmitten einer gewaltigen Anstrengung, die Erde ins Gleichgewicht zu bringen, die Wunden in der Natur und in den menschlichen Gesellschaften zu heilen und die Kultur und Wirtschaft allerorten aufblühen zu lassen. Die Erfolge sind sichtbar und beflügeln alle. Wir sind inzwischen ein wahrhaft internationales Unternehmen geworden. Bei uns arbeiten Menschen vieler Länder und unterschiedlichster Hautfarben. Wir sprechen viele Sprachen. Wir fühlen uns in Melbourne genauso zu Hause wie in Montreal, in Mexico City wie in Moskau. Wir orientieren uns an den Liefer- und Absatzmärkten der ganzen Welt. Wir sind eine optimistische, heitere, engagierte, kraftvolle und jung denkende Gemeinschaft. Wir haben unser Netz über den Planeten geworfen."

Wenn wir unsere Vision einfach nur beschreiben, dann wird uns gut zugehört. Unsere Mitarbeiter folgen gefesselt der Geschichte, die wir erzählen. Dies gilt umso mehr, wenn wir sie bildhaft illustrieren.

REGEL 3: BILDER, BILDER UND NOCHMALS BILDER VERWENDEN!

Nehmen wir an, die Leitmetapher, die wir für unsere Vision ausgesucht haben, ist ein Brillant. Dann sagen wir vielleicht:

> „Ich wünsche mir nichts sehnlicher, als dass dieses Unternehmen zu einem hell leuchtenden Brillanten wird. Ich habe es als großen Brillanten vor Augen, der etwa einen Meter Durchmesser und Tausende von funkelnden Facetten hat. Der Brillant dreht sich langsam vor dem Hintergrund eines dunkelblauen Himmels und immer wieder blitzen neue Facetten auf. Jedes unserer Produkte ist eine solche Facette, jede Abteilung, jeder Mitarbeiter. Alle Produkte sind wertvoll, alle Menschen strahlen, alle Abteilungen sind leuchtendes Vorbild in ihrer Kompetenz. Wir sind eine Gemeinschaft, die zusammen dem Brillanten die Strahlkraft gibt, die ihn für unser gesamtes Umfeld, die Kunden, die Lieferanten, die Familien von uns allen und die Natur sehr wertvoll macht."

Während Sie dies lasen, lieber Leser, ist das Bild des Brillanten vor Ihrem geistigen Auge entstanden. Sie konnten es gar nicht verhindern. „Das Bild ist ein Willensakt, der den Leser fesselt, ohne dass er davon weiß. Man rührt nicht den Leser an: Man verhext ihn", schrieb Antoine de Saint-Exupéry. Wenn wir in Bildern reden, überlisten wir den kritischen Verstand unserer Zuhörer. Das Bild dringt in sie ein, ob sie es wollen oder nicht. Wenn es ein positives Bild ist, das mit ihren eigenen Hoffnungen übereinstimmt, dann löst es positive Gefühle aus. Es setzt sich fest und wird erinnert. Es hilft den Mitarbeitern, sich bewusst zu werden, was sie wirklich wollen.

DIE VISION VERMITTELN **KAPITEL 8**

Wenn wir mit Bildern kommunizieren, werden wir feststellen, dass wir plötzlich die Aufmerksamkeit unserer Zuhörer haben. Mit der Aufmerksamkeit entsteht Energie – Lebensenergie. Wenn die Aufmerksamkeit da ist, kommen wir auch mit dem an, was wir nicht bildhaft sagen. Der berühmte Psychotherapeut Milton Erickson sagte einmal, dass wir nur dann mit Menschen wirklich kommunizieren können, wenn wir sie in Trance versetzen. Und genau das tun wir, wenn wir bildhaft kommunizieren. Wir holen die Menschen aus ihrem Alltagsbewusstsein in einen Zustand gebannter Aufmerksamkeit.

Für die Vermittlung unserer Vision gibt es die folgenden drei Kategorien von Bildern:

- symbolische Bilder
- überzeichnete Bilder
- realistische Bilder

Symbolische Bilder sind wahrscheinlich die emotional wirksamsten. Es gibt eine Unmenge davon: der Brillant, der Baum, das Schiff, der Aufstieg auf einen Berg, die Sonne, das Haus, der Weg, das Tor, das Licht, die Quelle, der Himmel, der König, der Ritter, die Brücke, die Treppe, die Stufen der Treppe, die Weggabelung, die Burg, der Schmetterling, die Luft, der Tanz, der Reigen, die Rose, das Herz, der Entdecker, der Garten, der Gärtner, der Lehrer, die Perle, der Leuchtturm, der Stern, der Pokal, das Schwert, der Horizont, die Geburt, das Fest. Diese Liste ließe sich noch verlängern.

Die meisten der genannten Symbole sind Ursymbole, die in der ganzen Menschheit seit langer Zeit die gleiche Bedeutung haben. Das Feuer steht überall für Wärme, Energie und Lebenskraft. Daher werden solche Symbole leicht aufgenommen und verstanden. Es ist so, als ob sie sowieso schon in uns ruhen und nur erweckt werden müssen. Sie vermögen dann in uns unbewusste Kräfte auszurichten.

Martin Luther King verstand es meisterhaft, seine Vision mit Symbolen zu kommunizieren. In seiner berühmtesten Rede „Ich habe einen Traum", gehalten in Washington D. C. am 28. August 1963, sagte er beipielsweise: „Ich habe einen Traum, dass eines Tages sogar der Staat Mississippi, ein Wüstenland, das in der Höllenhitze der Ungerechtigkeit und Unterdrückung schier verschmachtet, sich in eine Oase der Freiheit und Gerechtigkeit verwandeln wird."

Wir können unsere Vision am Beipiel eines einzelnen Symbols darstellen wie am Beispiel des Baums in Kapitel 4. Wir können aber auch verschiedene Aspekte unserer Vision mit unterschiedlichen Symbolen verdeutlichen.

FÜHREN MIT VISIONEN

Überzeichnete Bilder stammen aus der Lebenswelt des Unternehmens. Sie malen eine wünschenswerte Wirklichkeit aus, von der wir wissen, dass sie so nicht werden kann. Dennoch haben sie einen Wert, denn sie wirken emotional. Wir sagen dann vielleicht:

- „In meiner Vorstellung werden wir ein solches Ansehen genießen, dass die Kunden unsere Verkäufer schon vor der Tür erwarten werden, wenn sie kommen."
- „Vorstände aus unserer Branche reisen in Busladungen bei uns an, um zu erfahren, wie wir es machen."
- „Talentierte und enthusiastische Menschen aus ganz Europa stehen vor unserer Tür Schlange, um bei uns zu arbeiten."

Wir wissen natürlich, dass die Kunden nie vor der Tür warten, die Vorstände allenfalls einzeln anreisen und die talentierten Mitarbeiter nicht Schlange stehen werden. Doch die Bilder machen anschaulich, welche Strahlkraft das Unternehmen nach außen haben soll.

Realistische Bilder können genau so, wie sie beschrieben werden, wahr werden. Wir beschreiben, dass wir Produktionsstätten in mehreren Ländern haben werden oder dass wir in jeder deutschen Stadt in mindestens einem Geschäft vertreten sein werden. Diese Art von Visionsfacetten lassen sich schlecht mit Symbolen verdeutlichen.

REGEL 4: EMOTIONALE BEGRIFFE VERWENDEN!

Bilder lösen im Gegensatz zu Worten Gefühle aus. Das macht sie so wirksam. Doch es gibt auch eine Reihe von Worten, die Gefühle auslösen. Es sind Worte, die eine emotionale Ladung mit sich tragen. Wenn sie genannt werden, dann wird eine Saite im Innern des Zuhörers zum Klingen gebracht. Es handelt sich um die Worte, die die Ideale und Gefühle benennen, die unsere Sehnsüchte sind. Emotionale Begriffe sind beispielsweise: Erfolg, Schwung, Kraft, Stolz, Freude, Begeisterung, Gemeinschaft, Vertrauen, Achtung, Dankbarkeit, Liebe, Harmonie, schöpferisches Tun, Hilfsbereitschaft, Gerechtigkeit, Mut, Hingabe, Gelassenheit, Vollkommenheit, Einfachheit.

Alle diese Begriffe könnten Platz finden in unserer Vision. Und unsere Vision wird nur dann lebendig wirken, wenn solche Gefühle und Ideale in ihr vorkommen. Es ist in diesem Zusammenhang interessant, die Verwandlungen zu beobachten, die der erste Satz aus John F. Kennedys „Inaugural Address" während ihres Entwurfs durchgemacht hat:

- erste Version: „Wir feiern heute nicht den Sieg einer Partei, sondern das Symbol der Demokratie."
- vorletzte Version: „Wir feiern heute nicht den Sieg einer Partei, sondern einen Konvent der Freiheit."
- endgültiger Text: „Wir feiern heute nicht den Sieg einer Partei, sondern ein Fest der Freiheit."

Die letzte Version ist die emotionalste. Denn hier verwendet Kennedy das Symbol „Fest" und den emotionalen Begriff „Freiheit".

REGEL 5: AUCH DIE GEGENWART DARSTELLEN! DRAMATISIEREN!

Wir müssen in unseren Zuhörern eine Spannung aufbauen, nämlich die Spannung zwischen Vision und Wirklichkeit. Martin Luther King tat dies in dem oben zitierten Satz, indem er die „Höllenhitze der Ungerechtigkeit und Unterdrückung" der „Oase der Freiheit und Gerechtigkeit" gegenüberstellte. Damit dramatisiert er. Er macht die Dringlichkeit der Vision bewusst. Indem wir die Spannung zwischen dem, was ist, und dem, was werden soll, aufbauen, erzeugen wir den Wunsch, zu handeln.

Wenn wir nur unsere Vision, in der alles großartig ist, vortragen, jedoch nicht auf die Realität eingehen, dann sind wir nicht glaubwürdig. Man nimmt uns nicht ab, dass wir es wirklich ernst meinen. Mancher Zuhörer wird sich fragen, ob wir überhaupt wissen, was tatsächlich los ist.

Wir können an diesem Punkt jedoch auch in eine Falle gehen. Es wäre ein großer Fehler, die Realität so darzustellen, dass sie von unseren Mitarbeitern als Vorwurf verstanden werden kann. Wir dürfen nicht zwischen den Zeilen sagen: „Ihr seid nicht gut genug, strengt euch mehr an!" Wir müssen immer guten Willen unterstellen und unsere Mitarbeiter bei der Darstellung unserer Vision so behandeln, als ob sie alle großartig wären. Wenn wir hohe Erwartungen kommunizieren, wollen die Mitarbeiter diesen hohen Erwartungen gerecht werden.

Wenn wir die Realität darstellen, sollten wir sagen, was wir in unserem Unternehmen aufrichtig bedauern. Denn wenn wir etwas bedauern, dann sagen wir implizit auch, dass wir ein Teil der Ursachen der bestehenden Missstände sind. Und „Bedauern" ist eine persönliche emotionale Äußerung. Wir geben damit etwas von uns. Wenn wir spüren oder wissen, dass bestimmte Dinge von vielen Mitarbeitern bedauert werden, dann können wir auch sagen: „Wir bedauern ..." Wir machen damit unseren Mitarbeitern ihre Gefühle bewusst und bringen sie in einen emotionalen Kontakt mit der Realität. Wenn wir sagen „Wir wissen und wir bedauern, dass unsere Kunden oft mit uns nicht so zufrieden sind, wie wir es uns wünschen", dann stellen wir einen Mangel dar, ohne ihn den Mitarbeitern vorzuwerfen.

Wir sollten auch das beschreiben, was wir bei uns selbst und/oder an unserem Führungsteam bedauern. Wo wir selbst also die Vision heute noch nicht leben. Diese Offenheit macht uns glaubwürdig.

REGEL 6: AN DIE GESCHICHTE ANKNÜPFEN!

Es kommt darauf an, dass wir die Geschichte emotional beschreiben. Wir könnten beispielsweise sagen: „Zusammen haben wir die sonnigen Tage des Erfolgs genauso erlebt wie die dunklen und kalten Nächte des Misserfolgs." Unsere Zuhörer werden sich dadurch bewusst, dass sie gemeinsame Erlebnisse und gemeinsame Gefühle hatten. Und es wird ihnen klarer, dass sie eine Gemeinschaft sind.

Wir können die gemeinsamen Traditionen und Werte wachrufen, zum Beispiel das Qualitätsbewusstsein, das wir immer hatten, oder die Fähigkeit, gerade in Krisenzeiten zusammenzuhalten. Wir können Anekdoten erzählen, die diese Werte veranschaulichen. Wir können an den Gründer erinnern. Und wir können beschreiben, worauf wir stolz sein können, was wir in der Vergangenheit zusammen erreicht haben. Das Wachrufen der Geschichte schafft das Bewusstsein, dass man eine Gemeinschaft ist, die Traditionen und eine gemeinsame Zukunft hat.

REGEL 7: SKEPSIS VERORDNEN!

Möglicherweise leiten wir eine Organisation, deren Mitarbeiter schon wiederholt enttäuscht wurden. Dann werden wir auch dann, wenn wir Meister der Visionsvermittlung sind, auf Skepsis stoßen. Wir sollten diese Skepsis nicht negativ bewerten und nicht versuchen, sie den Mitarbeitern auszureden. Im Gegenteil, wir sollten die Mitarbeiter in diesem Fall bewusst zu Skepsis auffordern. Wir wenden damit einen Trick an, der aus der Psychotherapie kommt und den Paul Watzlawick Symptomverschreibung nennt. Wenn wir unseren Mitarbeitern Skepsis verschreiben, können diese sich entspannen, denn wir drängen sie nicht, uns zu glauben. Und damit ist auch schon ein Teil der Skepsis weg. Wir gehen mit der Strömung und lenken sie um, doch wir stemmen uns nicht dagegen.

REGEL 8: AUF DEN LANGEN WEG HINWEISEN!

Wenn wir unsere Vision in leuchtenden Farben beschreiben, dann wecken wir Erwartungen. Diese lassen sich nicht sofort einlösen, denn wir sind noch weit von der Vision entfernt. Darauf müssen wir unsere Mitarbeiter hinweisen. Wir müssen ihnen deutlich machen, dass der Weg lang, dornig und mühevoll ist. Wir stehen am Beginn eines Berges, den wir nun Schritt für Schritt erklimmen wollen. Manche Facetten unserer Vision sind so anspruchsvoll, dass wir sie nie ganz erreichen werden und uns immer strebend bemühen müssen. Denn wann werden wir schon wirklich nur noch begeisterte Kunden haben? Wann sind wir voll und ganz das Juwel, das wir vor Augen haben?

Winston Churchill sagte den Engländern am 13. Mai 1940: „Ich habe nichts zu bieten als Blut, Mühsal, Tränen und Schweiß." John F. Kennedy sagte in seiner „Inaugural Address": „All das wird nicht in den ersten hundert Tagen vollendet sein. Es wird auch nicht vollendet sein in den ersten tausend Tagen und auch nicht während der Dauer dieser Regierung, vielleicht nicht einmal während der Dauer unseres Lebens auf diesem Planeten. Aber lasst uns beginnen […]"

Wir brauchen nicht so drastisch zu sein wie Churchill und nicht so auf die Ewigkeit orientiert wie Kennedy. Doch wir sollten sagen, dass ein mühevoller Weg bevorsteht. Wir verängstigen damit niemanden. Im Gegenteil, Menschen wollen gefordert werden.

REGEL 9: MIT EINEM APPELL ENDEN!

Wir können schon vor dem Ende an unsere Mitarbeiter appellieren und sie zum Handeln auffordern. Wir sollten es aber spätestens am Schluss tun: „Und nun lasst uns aufeinander zugehen und die ersten Schritte für eine erfolgreiche Zukunft in Angriff nehmen."

Die historischen Vorbilder lieferten auch hier Churchill mit „Kommt, lasst uns gemeinsam vorwärtsschreiten mit vereinter Kraft" und Kennedy mit „Fragt nicht, was euer Land für euch tun kann – fragt, was ihr für euer Land tun könnt."

TYPISCHE FEHLER

Ich habe in den letzten Jahren zahlreiche Führungskräfte dabei beobachtet, wie sie ihre Vision präsentierten. Abgesehen von einer teilweisen Missachtung der hier dargelegten Prinzipien sind mir zwei häufige Fehler aufgefallen:

- ◆ Das, was präsentiert wurde, war keine Vision, sondern ein relativ kurzfristiges Schwerpunktziel. Etwas, das in den nächsten zwei oder drei Jahren erreicht werden sollte. Wir müssen natürlich unsere Mitarbeiter auch für solche Ziele gewinnen. Doch das hat dann nichts mit Vision zu tun. Es wird uns besser gelingen, unsere Mitarbeiter für einzelne wichtige Ziele zu gewinnen, wenn wir vorher unsere langfristige, umfassende Vision darstellen.
- ◆ Die Zukunft wird vor allem als schwierig dargestellt. Die Bedrohungen, die vom Markt und den Wettbewerbern ausgehen, werden hervorgehoben. Das Unternehmen wird beispielsweise mit einem Schiff verglichen und dieses Schiff hat Stürme, Unwetter, dunkle Wolken und hohen Seegang vor sich. Irgendwann wird beiläufig noch erwähnt, dass man am Ende ein neues Land erreicht. Natürlich empfindet kein Mitarbeiter großes Verlangen, mit diesem

DIE VISION VERMITTELN KAPITEL 8

Schiff auszulaufen. Wir sollten daher zuerst die blühende Stadt beschreiben, die wir in dem neuen Land erschaffen wollen, und zum Schluss sagen, dass es auf dem Weg dorthin Unwetter zu bestehen und Untiefen zu umfahren gibt. Natürlich ist die Realität nicht selten so, dass die kurzfristige Zukunft eher negativ aussieht, dass Umsatzrückgänge und Entlassungen absehbar sind. Doch die Vision reicht zeitlich weit über die nächsten drei Jahre hinaus und in einen Zeitraum hinein, der so lang ist, dass wir es in der Hand haben, was wir aus dem Unternehmen machen.

Die Vermittlung unserer Vision ist eine formidable Führungsaufgabe. Es wird im Allgemeinen noch bei weitem unterschätzt, wie viel Energie man in diese Aufgabe stecken muss, wie viele Wiederholungen es braucht. Wir werden uns als Wanderprediger vorkommen, der in Variationen immer wieder die gleiche Geschichte erzählt. Wir werden uns zwischendurch vielleicht fragen, ob wir nicht besser andere Aufgaben erledigen sollten. Doch wir dürfen nicht vergessen, dass dann, wenn wir eine Organisation leiten, es unsere zentrale Aufgabe ist, die Vision allen bewusst zu machen. Wir werden uns nicht oft Gelegenheiten schaffen können, um zu einer großen Zahl von Mitarbeitern zu reden. Daher sollten wir auch alle Möglichkeiten zwischendurch nutzen, um immer wieder die Vision ins Bewusstsein zu rufen.

Bei all dem sollten wir uns darüber im Klaren sein, dass wir nicht Eigentümer unserer Vision sind. Es ist die Vision aller. Wir sind in gewissem Sinne Hüter oder Treuhänder dieser Vision. Wir können sie artikulieren. Wir glauben mehr an sie als andere. Uns liegt sie sehr am Herzen. Doch wir sind nur Kanal für das, was sich die große Gemeinschaft der Mitarbeiter wünscht und was sie erschaffen will.

KAPITEL 9

Die Zukunftskonferenz

- „Wenn wir Zukünfte schaffen wollen, müssen wir neue Formen der
- Gemeinschaft finden."
- *Antoine de Saint-Exupéry*

Wir brauchen heute sowohl rasch wie auch nachhaltig wirkende Werkzeuge, um unsere Führungskräfte und Mitarbeiter für eine Vision zu gewinnen und um einen kraftvollen Energieschub auszulösen. Eines der zukunftsträchtigsten Instrumente für diesen Zweck ist die Zukunftskonferenz. Dabei handelt es sich um eine Dialog-, Lern-, Visions- und Planungstagung mit bis zu 70 Teilnehmern. Das sind zwar in den meisten Fällen noch nicht alle Mitarbeiter eines Unternehmens (der Prozess, um alle zu erreichen, wird im nächsten Kapitel beschrieben), doch es sind die Schlüsselpersonen, die die Vision tatsächlich umsetzen müssen. Oft machen sie bereits eine kritische Masse aus, die die anderen mitziehen kann.

In einer Zukunftskonferenz wird in zweieinhalb bis drei Tagen eine gemeinsame Vision entworfen und ein Programm konkreter Ziele und Maßnahmen erarbeitet. Und dann wird vor allem noch ein Gefühl der Zusammengehörigkeit, Begeisterung und Veränderungsbereitschaft erzeugt. In dieser kurzen Zeit entsteht bei den Schlüsselpersonen des Unternehmens die Energie, die für Ziele und Veränderungen nötig ist, die besondere Anstrengungen, Opfer und die Aufgabe von Partikularinteressen und lieb gewordenen Gewohnheiten verlangen.

Zukunftskonferenzen können die Visionsentwicklung im Topmanagement, wie sie in Kapitel 6 beschrieben wurde, fortsetzen. Sie sind ein Instrument, um mit den Führungskräften und Mitarbeitern den Dialog über die gemeinsame Vision aufzunehmen. Was auf der Zukunftskonferenz erarbeitet wird, fließt dann hinterher in das Visionspapier ein. Zukunftskonferenzen lassen sich aber auch ohne diese Vorarbeit einsetzen. Voraussetzung ist allerdings, dass sich das oberste Führungsteam über seine globalen strategischen Ziele im Klaren ist. Denn diese sind der Rahmen für die Konferenz.

Zukunftskonferenzen sind keine völlig neue Idee der Neunzigerjahre. Im Gegenteil, das Konzept entwickelte sich allmählich in den letzten Jahrzehnten. Die Wurzeln reichen bis in die frühen Sechzigerjahre zu den Mitbegründern der Organisationsentwicklung Fred Emery und Ronald Lippitt zurück. Merrelyn Emery und Marvin Weisbord haben wesentlich zu ihrer Verbreitung beigetragen. Auf der ganzen Welt wurden zahlreiche Zukunftskonferenzen abgehalten, in Unternehmen genauso wie in Universitäten, Ministerien, Handelskammern, Behörden und Städten. Es gibt einen internationalen Erfahrungsaustausch von Beratern, die solche Konferenzen konzipieren und moderieren. Dadurch wurde das Vorgehen immer weiter verbessert und verfeinert. In fast der gesamten angelsächsischen und skandinavischen Welt sind Zukunftskonferenzen („Strategic Futures Conferences") inzwischen ein Begriff. Sie sind in den USA und Kanada genauso wie in Norwegen und Australien verbreitet. Im deutschsprachigen Raum allerdings habe ich abgesehen von den von mir selbst durchgeführten Konferenzen bisher keine weiteren wahrgenommen.

DAS GANZE SYSTEM IN EINEM RAUM

Die zentrale Idee der Zukunftskonferenz ist so einfach wie radikal. Marvin Weisbord hat sie wie folgt formuliert: Das ganze System in einen Raum bringen, um gemeinsam das ganze System zu untersuchen und das ganze System zu verbessern. „Das ganze System in einen Raum bringen" bedeutet nicht, tatsächlich alle Mitarbeiter eines Unternehmens an einem Ort zusammenzuholen. Dies ist allenfalls bei sehr kleinen Unternehmen möglich. Gemeint ist vielmehr damit, dass man etwa 50 bis 70 Personen (es können auch mal nur 25 sein), die einen repräsentativen Querschnitt des Unternehmens darstellen, in einem Raum zusammenführt. Dieser Querschnitt enthält natürlich das Topmanagement, besteht daneben aber auch aus Vertretern aller Funktionsbereiche vom Einkauf bis zum Vertrieb und aller Hierarchieebenen sogar bis hin zum Arbeiter. Die Idee ist, dass alle

FÜHREN MIT VISIONEN

betroffenen Interessengruppen (zum Beispiel auch Betriebsrat, Ausländer und Frauen) in der Zukunftskonferenz vertreten sind. Sogar Kunden und Lieferanten gehören dazu (und nehmen aller Erfahrung nach oft gerne teil). Gerade externe Partner des Unternehmens vermögen einer Zukunftskonferenz besondere Impulse zu geben.

„Das ganze System in einem Raum" ist nicht nur notwendig, um die Umsetzer der Vision mit dabei zu haben, sondern auch, um in einer komplexen Welt wirklich das ganze Bild zu bekommen. Jeder Einzelne von uns berührt, bildlich gesprochen, in einem dunklen Raum nur einen Teil eines Elefanten (der Wirklichkeit) und sieht die anderen Teile nicht; so weiß er nicht, dass er einen Elefanten vor sich hat. In der Zukunftskonferenz lassen sich die Teilansichten zusammentragen und der ganze Elefant sichtbar machen. Es entsteht eine wirklich umfassende Sicht des Systems und seines Umfelds. Diese bewirkt erst die Einsicht in die Notwendigkeit der Veränderung und erlaubt eine entsprechende Ausarbeitung der Visionen, Ziele und Maßnahmen.

„Das ganze System in einem Raum" ist wörtlich zu nehmen. Die Teilnehmer sind für drei Tage in *einem* großen Raum zusammen. Auch die Gruppenarbeiten finden in diesem Raum statt. So macht auch der äußere Rahmen deutlich, dass man eine große Gemeinschaft ist.

Um Missverständnissen vorzubeugen: Mit 50 und mehr Personen lassen sich keine Unternehmensstrategien im engen Sinne, also beispielsweise Marktziele und Prioritäten für Produktlinien, Vertriebswege und Marktsegmente festlegen. Man kann mit einer solch großen Gruppe keine Auswahlentscheidungen zwischen Richtung A und Richtung B treffen. Hierzu sind nach wie vor Strategiemeetings im kleinen Kreis die richtige Plattform. Doch in Zukunftskonferenzen lassen sich im Rahmen einer vorgegebenen Richtung strategische Schlüsselthemen (Schwerpunktziele für die nächsten drei Jahre) für das ganze Unternehmen identifizieren und (oft innovative) Maßnahmen entwickeln. Solche Schlüsselthemen können beispielsweise sein: Partnerschaft mit Händlern, Lieferantenstruktur, Total Quality, Lieferzeit, Fertigungsorganisation, Kundenorientierung, Integration in den Konzern, Umwelt und anderes mehr. Es sind Themen, die mit dem Aufbau von Wettbewerbsvorteilen zu tun haben. Und gerade bei solchen Themen ist es sehr sinnvoll, die Umsetzer von vornherein mit am Tisch zu haben. Denn es bedarf der Anstrengung vieler, um hier voranzukommen.

Lassen sich Arbeitstagungen mit 50 und mehr Teilnehmern überhaupt durchführen? Gibt es ein Vorgehen, das produktiv ist und zudem die Teilnehmer begeistert? Sind Konferenzen nicht etwas, das die Teilnehmer langweilt und bei dem hinterher nichts herauskommt? Kann dort überhaupt offen geredet werden? Angesichts der Erfahrungen, die die meisten von uns mit großen Konferenzen haben, ist eine gesunde Skepsis durchaus berechtigt.

Zukunftskonferenzen laufen jedoch ganz anders ab als andere Tagungen mit dieser Zahl von Teilnehmern. Die Teilnehmer werden dort nicht mit einer Serie von Vorträgen oder langatmigen Präsentationen gelangweilt. Vielmehr arbeiten sie selbst – und das hauptsächlich in kleinen Gruppen mit sechs bis acht Personen. In diesen kleinen Gruppen wird aller Erfahrung nach im erforderlichen Maße offen und hierarchiefrei miteinander geredet. Denn die Mitarbeiter sitzen hier – außer in den Phasen, in denen die Sitzordnung „funktional" ist – nicht mit ihren Chefs zusammen. Wenn das Kommunikationsklima des Unternehmens nicht überdurchschnittlich „zu" ist, dann kommen die wichtigen Themen auf den Tisch. Und wenn etwas Heikles von einigen Gruppen „verschlüsselt" wird, sprechen meist andere Gruppen frei darüber.

Zum Erfolg von Zukunftskonferenzen trägt sehr bei, dass sie über Jahrzehnte erprobt, in jedem Schritt durchdacht und auf die sachliche und psychologische Wirkung hin ausgefeilt sind. Der Ablauf ist so gestaltet, dass ein gutes Dialogklima systematisch aufgebaut und das emotionale Zusammenwachsen der Tagungsgemeinschaft gefördert wird. Es beginnt, wie in Abbildung 9.1 dargestellt, mit einem Rückblick in die Vergangenheit, darauf folgt die Analyse von Umfeldentwicklungen, danach betrachtet man den Zustand des eigenen Unternehmens, entwirft dann Visionen und endet schließlich mit dem Erarbeiten von Maßnahmen. Die fünf Phasen bauen schrittweise aufeinander auf und führen trichterförmig vom Generellen zum Spezifischen. Jede dieser Phasen dauert etwa drei Stunden, nur die letzte, in der es um die Umsetzung geht, länger. Nach jeder Phase wird gemeinsam rekapituliert, was man in ihr gelernt hat.

Eine Klippe in Zukunftskonferenzen besteht darin, dass alte Konflikte und Animositäten aufbrechen. Die Teilnehmer sind sich ja nicht von vornherein alle grün. Verschiedene Funktionen können in althergebrachter „Erbfeindschaft" zueinander stehen. In der Zukunftskonferenz werden Konflikte jedoch entmutigt. Die „Parteien" sollen keine Eigeninteressen vorbringen. Die Sichtweise von jedem ist gültig. Über die Wahrnehmung der Realität wird nicht diskutiert. Jeder sieht eben eine andere Seite des einen Elefanten. Man bearbeitet nicht die Konflikte, die trennen, sondern konzentriert sich auf die Vision, die man sich gemeinsam wünscht und die man gemeinsam erschaffen will. Am Ende sind meist auch Partnerschaften zwischen solchen Parteien entstanden, die vorher miteinander auf Kriegsfuß standen.

FÜHREN MIT VISIONEN

Abb. 9.1 Ablauf einer Zukunftskonferenz

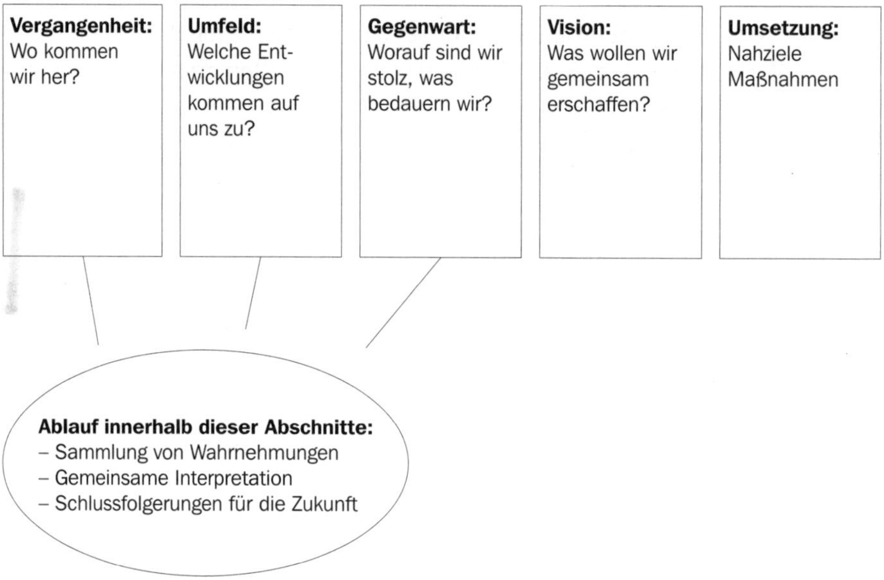

| **Vergangenheit:** Wo kommen wir her? | **Umfeld:** Welche Entwicklungen kommen auf uns zu? | **Gegenwart:** Worauf sind wir stolz, was bedauern wir? | **Vision:** Was wollen wir gemeinsam erschaffen? | **Umsetzung:** Nahziele Maßnahmen |

Ablauf innerhalb dieser Abschnitte:
– Sammlung von Wahrnehmungen
– Gemeinsame Interpretation
– Schlussfolgerungen für die Zukunft

KONZENTRATION AUF DIE ZUKUNFT STATT AUF PROBLEME

Zukunftskonferenzen sind keine Problemlösungskonferenzen in dem Sinne, wie wir oft Problemlösungsmeetings durchführen. Es werden nicht Probleme aufgelistet, priorisiert und abgearbeitet. Denn das Beginnen mit Problemen würde die Teilnehmer unweigerlich deprimieren und bei ihnen Ängste auslösen. Man würde an ihren Stimmen hören können, wie die Stimmung sinkt. Die „Luft" wäre aus der Konferenz „raus" und die Kreativität weg. Mit Unlust würde man sich durch den Katalog der Probleme quälen. Die Ergebnisse wären eher kurzsichtig und auf Angstreduzierung ausgerichtet.

Bei Zukunftskonferenzen ist der Ausgangspunkt vielmehr die Zukunft, nämlich eine Vision davon, was das Unternehmen als Ganzes in einigen Jahren sein soll. Diese Vision beschreibt den angestrebten Idealzustand, einen Zukunftsentwurf, der strategisch ins Umfeld passt und in dem zugleich die Werte und Hoffnungen der Konferenzteilnehmer verwirklicht sind. Diese Vision begeistert, macht Mut, vermindert Ängste und löst Optimismus und Tatendrang aus. Durch das Entwerfen einer gemeinsamen Vision legen die Beteiligten ihre „Überlebens-Fassade" ab und begegnen sich in ihren Idealen. Sie stellen einander dar, was sie sich wirklich wünschen. Dadurch entstehen Gemeinschaftsgeist und das Gefühl, zusammen etwas Großartiges kreieren zu können. Die Planung mit „einer Vision für das ganze System" zu beginnen, ist eine viel energetischere Vorgehensweise als das „Herumdoktern" an einzelnen Problemen.

Alle Phasen der Zukunftskonferenz sind auf eines ausgerichtet: dass man am Ende eine gemeinsame Vision, von allen getragene Schwerpunktziele und Maßnahmen sowie Begeisterung, Aufbruchstimmung und ein Gefühl der Gemeinschaft hat. Daher beginnt man in Zukunftskonferenzen nicht mit Problemen und vermeidet es, zu früh konkrete Lösungen zu diskutieren. Wer mit konkreten Maßnahmen beginnt, läuft große Gefahr, gleich Widerstände zu provozieren, alte Konflikte wachzurufen und sich an Details festzubeißen. Zukunftskonferenzen sind vielmehr so aufgebaut, dass man zu Beginn relativ lange offen bleibt und nur Informationen und Wahrnehmungen sammelt und interpretiert. Dadurch erhöht sich die Chance, später kreative Visionen, Ideen und Maßnahmen zu entwickeln. So bestehen die ersten vier Phasen der Konferenz (Vergangenheit, Umfeld, Unternehmen, Vision) vor allem aus Dialog, Lernen und Entdeckung. Es ist ein Dialog im Sinne David Bohms. Er ist absichtslos, denn es geht noch um nichts Konkretes. Er ist „kühl", denn es wird nicht diskutiert. Es wird nur in Abständen reflektiert, was man gemeinsam gelernt hat. An den Wänden des Konferenzraums reiht sich Flipchart an Flipchart. Mit der Menge an sichtbar aushängender Information steigt das Bewusstsein, dass die Zukunft anders sein wird als die Gegenwart und dass man etwas tun muss – und zwar bald. Jedes zusätzliche Stück Information baut die Spannung auf, steigert das „kreative Unwohlsein" und fördert den Wunsch, „tiefer zu bohren". Indem man diese Spannung zunächst aushält, entsteht am Ende ein Ergebnis, das in der Regel alle Erwartungen übertrifft.

Es gibt verschiedene Modelle von Zukunftskonferenzen, die alle auf den gleichen Prinzipien aufbauen und ähnlich ablaufen. Ich beschreibe im Folgenden das Modell von Marvin Weisbord, weil mir seine Sach- und Psycho-Logik am meisten einleuchten und weil ich damit die besten Erfahrungen gemacht habe. Es ist ein Standardmodell, das sich abwandeln lässt, um der Zielsetzung in der jeweiligen Situation gerecht zu werden.

FÜHREN MIT VISIONEN

MIT EINEM RÜCKBLICK BEGINNEN

Zu Beginn sitzen 50 bis 70 Personen in einem großen Raum – erwartungsvoll, neugierig, skeptisch, offen und zum Teil ängstlich. Die *erste Aufgabe* besteht in einem Rückblick in die Vergangenheit. Dabei geht es nicht nur um die Vergangenheit des Unternehmens, sondern auch um die persönliche Vergangenheit der Teilnehmer und um die Vergangenheit der Welt, in der wir leben. Die Teilnehmer stehen von ihren Plätzen auf und tragen Höhepunkte, Meilensteine und wichtige Entwicklungen in an den Wänden hängende Flipcharts ein. Sofort sind das Interesse und die Energie der Teilnehmer da. Der Start ist einfach und glückt immer und hat befreiende und motivierende Wirkung für alle. Wo am Anfang vielleicht eine Stimmung ängstlicher Zurückhaltung herrschte, ist diese im Nu verflogen. Gruppen interpretieren die gesammelten Informationen, arbeiten gute und schlechte Entwicklungen heraus und ziehen Schlussfolgerungen für die Zukunft. Ihre Ergebnisse präsentieren sie dem Plenum.

Der Rückblick in die Vergangenheit baut Gemeinschaftsgefühl auf. Man hat ja gemeinsam Zeiten des Erfolgs und des Misserfolgs und Zustände des Optimismus wie der Niedergeschlagenheit erlebt und macht sich jetzt bewusst, dass man schon lange in einem Boot sitzt. Die Jüngeren lernen in dieser Phase viel von den Älteren. Vielleicht hat man die Teilnehmer vorher gebeten, Erinnerungsstücke aus der Vergangenheit mitzubringen: alte Prospekte, Plakate, Produkte, Fotos, Urkunden etc. Dann werden diese im Plenum gezeigt und erklärt, und die Vergangenheit wird dadurch noch plastischer. In dieser Phase wird mehr als nur kognitiv Information verarbeitet; es werden Gefühle erzeugt und unmerklich rücken die Teilnehmer der Konferenz zusammen.

Der Rückblick auf die *persönliche* Geschichte der Teilnehmer ist wichtig, denn er macht gemeinsame Werte sichtbar und erzeugt „psychologische Ähnlichkeit". Es ist erstaunlich, wie offen einige Teilnehmer auch in der großen Gruppe darüber berichten, was sie in der Vergangenheit bewegt und verändert hat. Auch dadurch wächst die Teilnehmerschaft zusammen. Der Rückblick auf die Geschichte der Welt, in der wir leben, bestätigt schließlich allen, dass sie in der gleichen Welt leben und mit den gleichen Herausforderungen fertig werden müssen. Mit dieser weitesten Betrachtung des offenen Systems Unternehmen, die sowohl die beteiligten Menschen wie die Welt einschließt, wird die Basis für eine „Verengung des Trichters" hin zu unternehmensspezifischeren Themen geschaffen. Man darf die Bedeutung dieses ersten Schritts nicht unterschätzen. Er schafft die emotionale Basis für einen konstruktiven Dialog. Der thematischen Verengung des Trichters entspricht das emotionale Zusammenrücken der Teilnehmer.

DEN GANZEN ELEFANTEN ERKENNEN

In der *zweiten Phase* geht es um die Untersuchung des Umfelds des Unternehmens. Welche Entwicklungen und Ereignisse gibt es aufseiten der Kunden, der Händler, der Gesetzgebung, der Lieferanten, der Technologie? Welche Entwicklungen geschehen außerhalb der eigenen Branche im weiteren Umfeld? In dieser Phase soll der branchenspezifische und der globale Zukunftskontext, in den das Unternehmen hineingestellt sein wird, allen deutlich werden. Gerade die Hinzunahme der globalen Entwicklungen stimuliert erfahrungsgemäß sehr die Fantasie der Teilnehmer.

Für diese Aufgabe werden die Teilnehmer gebeten, Artikel aus Fachzeitschriften und Zeitungen mitzubringen, die Trends oder Ereignisse im Umfeld beschreiben. In kleinen Gruppen stellen die Teilnehmer sich diese Artikel vor und sammeln ihre Wahrnehmungen und Einschätzungen über das Umfeld. Im Plenum entsteht dann ein großes „Mindmap", eine bildhafte „Landkarte" der Kräfte, die die Zukunft des Unternehmens beeinflussen – komplex und für viele verwirrend, eben so wie die Realität (siehe Abbildung 9.2). Enorm viel gelernt wird in dieser Phase, denn bisher hatte ja jeder nur einen Teil des Elefanten erfasst. Teilnehmende Kunden und andere externe Partner des Unternehmens bringen oft wichtige Perspektiven ein. Nun erkennen viele zum ersten Mal das ganze Bild. Auch in dieser Phase wird nicht nur Information übertragen, es entsteht ein Gefühlszustand, ein „kreatives Unwohlsein", manchmal ein fast ehrfürchtiges Staunen über den umfassenden Wandel und das Bewusstsein, dass man etwas ändern muss. Die wichtigsten Trends werden schließlich im Plenum gemeinsam ausgewählt und dann in Freiwilligengruppen nochmals eingehender auf ihre Konsequenzen hin analysiert. Was haben wir bis heute getan und was müssen wir künftig tun? Bei der Bearbeitung dieser Fragen kehrt sich das Unwohlsein um in reine Energie.

In der *dritten Phase* steht das Innenleben des Unternehmens auf dem Programm. „Worauf sind wir stolz, was bedauern wir?", heißt die Frage. Nach bis-

Abb. 9.2 Schematische Darstellung eines Mindmaps (Original: 2 x 4,5 m)

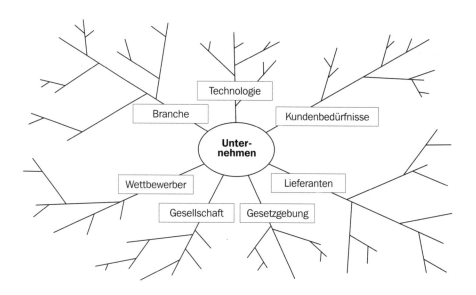

herigem Muster sammeln die Gruppen Wahrnehmungen, interpretieren diese und präsentieren ihre Ergebnisse im Plenum (siehe Tabelle). Die Frage nach Stolz und Bedauern macht gemeinsame Werte bewusst. Es wird allen klar, dass es gemeinsame, tief verwurzelte, positive Werte gibt, auch wenn diese derzeit nicht alle gelebt werden. Die Teilnehmerschaft beginnt sich als Ganzes für offensichtlich gewordene Schwächen verantwortlich zu fühlen. Es ist ja ein Phänomen in Unternehmen, dass zwar fast alle einen bestimmten Missstand kennen, aber bei keinem der Antrieb da ist, etwas zu unternehmen, weil er auf den anderen wartet. In der Zukunftskonferenz wird allen bewusst, dass sie *jetzt* etwas tun müssen. Sie erkennen, dass sie gemeinsame Werte haben, die sie bloß umzusetzen brauchen.

Die Frage nach Stolz und Bedauern führt häufig zu einem umfangreichen Austausch an Informationen und Aha-Erlebnissen. Sie wird als besonders belohnend empfunden, wenn es vorher keine Plattform gab, um darüber offen zu reden. Man nimmt wahr, wie andere wahrnehmen, und entwickelt Verständnis. Es wird allen deutlich, was man in die Zukunft mitnehmen und was man zurücklassen will.

Stolz	Bedauern
■ deutliche Qualitätsverbesserungen erreicht	■ zu geringe Termintreue
■ neue Produktionslinien ohne große Anlaufprobleme	■ schlechte Zusammenarbeit mit der Verfahrensentwicklung
■ hohes Wachstum „verdaut"	■ Unruhe durch häufige Änderungen der Produktionsplanung
■ Zertifizierung erhalten	■ Unzufriedenheit bei einem Teil der Belegschaft

DIE ZUKUNFT INSZENIEREN

Nun ist die Zeit reif für den Entwurf der Vision, die *vierte Phase* der Konferenz. Diese soll keine reine Kopfarbeit werden, sondern den ganzen Menschen mit seiner Fantasie, seinen Intuitionen, seinen Werten und Gefühlen aktivieren. Das „Herz" der Teilnehmer soll erreicht werden. Daher werden nicht einfach „Statements" formuliert, denn das wäre wieder nur Einsatz des Verstands. Vielmehr wird mit kreativen Mitteln die gewünschte Zukunft des Unternehmens anschaulich und lebendig dargestellt. Die Gruppen erhalten alles, was man zum Gestalten braucht: Farbstifte, buntes Papier, alte Zeitschriften, Klebstoff und Scheren. Und sie bekommen die Aufgabe, sich von der heutigen Realität nicht einengen zu lassen und ein fantasievolles und innovatives Bild der Unternehmenszukunft in fünf bis zehn Jahren zu entwerfen. Dabei geht es nicht um konkrete Lösungen und Strategien, sondern um einen idealistischen, gewünschten und zugleich ins Umfeld passenden Entwurf für das ganze Unternehmen. Es soll eine Vision entstehen, für die die Teilnehmer der Zukunftskonferenz gerne arbeiten wollen.

Im Vorlauf zu dieser Gruppenarbeit stellen ein oder zwei Mitglieder der Führungsspitze ihre Vision den Teilnehmern dar. Diese kurzen Reden, die nicht Folienpräsentationen, sondern eine persönliche Botschaft sind, sollen nicht end-

FÜHREN MIT VISIONEN

gültig festgelegte und zwingende Vorgabe, sondern ein Angebot zum Dialog sein. Und mit ihrer bildhaften Sprache sollen sie die Fantasie der Teilnehmer anregen. Das heißt jedoch nicht, dass der Entwurf der Visionen durch die Teilnehmergruppen der Zukunftskonferenz im luftleeren Raum geschieht und das ganze Unternehmen neu erfunden werden kann. Der Rahmen sind die globalen strategischen Ziele des Unternehmens.

Die Präsentation der Visionen durch die Gruppen ist immer wieder ein bewegendes Erlebnis. Es präsentiert immer die gesamte Gruppe gemeinsam. Die Zukunft entsteht in Collagen, Sketchen, Modellen, Zeitungsartikeln, gespielten Pressekonferenzen, TV-Dokumentationen, Reden, Briefen, Firmenzeitungen und Versen. Mit großer Begeisterung werden diese dargestellt. Viele Präsentationen sind sehr humorvoll, es wird viel gelacht und das bringt die große Gruppe emotional zusammen. Der Raum ist voll Energie, die Zukunft wird lebendig und ihre magnetische Anziehungskraft wird für alle spürbar. Die Visionen, die die Gruppen darstellen, divergieren aller Erfahrung nach kaum. Sie gehen vielmehr alle in eine Richtung. Ein Grund dafür liegt darin, dass man vorher eine umfassende, gemeinsame Informationsbasis geschaffen hat. Ein anderer besteht darin, dass die gemeinsame Vision unbewusst ja immer schon da ist. Die Zukunftskonferenz ist eine Methodik, um diese in einer Großgruppe bewusst zu machen.

Nach den Präsentationen wird der große gemeinsame Nenner im Plenum herausgearbeitet. Die Teilnehmerschaft findet sich in ihren gemeinsamen Zielen, Wünschen, Hoffnungen und Idealen. Es entsteht der Wille, diese Zukunft zu erschaffen.

Die Zukunftskonferenz biegt nun mit Energie und in gewissem Sinne mit „Tempo" in die Zielgerade ein. Es geht in der *fünften und letzten Phase* um die Auswahl der strategischen Schlüsselthemen und die Erarbeitung der Maßnahmen. Die gemeinsame Basis dafür ist geschaffen und der Wille ist da. Die Teilnehmer erarbeiten zunächst Maßnahmenvorschläge für sich selbst, für ihr Ressort und für das Unternehmen. Dann werden diese Vorschläge von den verantwortlichen Ressortteams diskutiert und verfeinert. Verantwortliche werden bestimmt und Termine gesetzt. Die Geschäftsleitung bearbeitet die Vorschläge, die mehr als ein Ressort betreffen. Die Ergebnisse werden dann im Plenum präsentiert. Am Ende steht ein konsistenter Ziel- und Aktivitätenplan, wobei einige Aktivitäten von Projektteams nach der Konferenz weiter verfeinert und auf Machbarkeit hin geprüft werden müssen. In dieser letzten Phase steht mehr Zeit zur Diskussion zur Verfügung als in den vorherigen. Sie dauert auch insgesamt länger. Schließlich werden hier Nägel mit Köpfen gemacht.

DIE ZUKUNFTSKONFERENZ **KAPITEL** 9

Nachdem am Ende noch Freiwillige gefunden wurden, die die Konferenz dokumentieren, gehen die Teilnehmer mit der Gewissheit nach Hause, nicht nur eine gemeinsame Vision entworfen, sondern auch konkrete Schritte eingeleitet zu haben. Die Skepsis zu Beginn der Konferenz hat sich in Begeisterung und Schwung verwandelt. Und dieser Energieschub bleibt nicht auf die Teilnehmer der Zukunftskonferenz beschränkt, denn diese werden die Energie ganz von allein auf ihre Kollegen und Mitarbeiter übertragen. Zukunftskonferenzen haben gewissermaßen ein Echo, das den Schwung und Optimismus des ganzen Unternehmens fördert.

MATERIELLE UND IMMATERIELLE ERGEBNISSE

Auf der *greifbaren Ebene* werden in Zukunftskonferenzen konkrete Ziele und Maßnahmen erarbeitet. Oftmals werden innovative Durchbrüche erreicht. Es werden neue Projekte eingeleitet, doch es werden fast immer auch eine Reihe bestehender Projekte, die so vor sich hin dümpeln, revitalisiert. Und es entstehen farbige, anschauliche Visionen. Diese werden nach der Konferenz von einem kleinen Gremium zusammengefasst. Auf dieser Basis wird das Visionspapier (wenn es schon vorhanden ist) ergänzt.

Auf der *immateriellen Ebene* entwickelt sich in Zukunftskonferenzen die Unternehmensenergie und -kultur. Es entsteht „Lust auf Zukunft", die gemeinsamen Werte werden bewusst, eine gemeinsame Weltsicht entsteht, Ressorts und Abteilungen entwickeln Verständnis füreinander, neue Partnerschaften ersetzen bis dato möglicherweise gespannte Beziehungen. Hierarchie- und funktionsübergreifende Kommunikation wird gelernt. Eingeschliffene, unproduktive Verhaltensweisen werden zum Teil erkannt und verschwinden dann oft ganz von alleine. Ängste werden durch Visionsorientierung ersetzt. Und nicht zuletzt entsteht das Gefühl, eine große Gemeinschaft zu sein, die eine wertvolle Vision verwirklichen will. Zukunftskonferenzen sind Arbeit, doch zugleich sind sie ein großes Ritual und ein Gipfelerlebnis, das den Geist des Unternehmens formt. Jeder, der an einer Zukunftskonferenz teilgenommen hat, wird sie sein Leben lang als ein besonderes Ereignis erinnern. Ich glaube, dass jedes Unternehmen solche Gipfelerlebnisse braucht.

FÜHREN MIT VISIONEN

Natürlich muss hier auch die Frage gestellt werden, ob die Wirkungen einer Zukunftskonferenz nachhaltig sind. Werden alle vereinbarten Maßnahmen umgesetzt? Nimmt der Energieschub nicht schnell wieder ab? Die Erfahrung zeigt, dass tatsächlich sehr viel umgesetzt wird. Allerdings sollte es man nicht bei einer Veranstaltung belassen. Der gleiche Kreis sollte sich nach sechs bis zehn Monaten wieder für einen Tag treffen. Jeder sollte die Chance haben, von seinen Aktivitäten berichten zu können. Dank sollte ausgesprochen und die Lebendigkeit der Vision in geeigneter Form erneuert werden. Dann erneuert sich auch die Energie.

THEMEN FÜR ZUKUNFTSKONFERENZEN

Zukunftskonferenzen können einer Reihe von Zwecken dienen. Man kann und sollte ihnen ein Thema oder Motto geben. Zwecke, Themen oder Anlässe für eine Zukunftskonferenz können sein:

- *Unternehmensqualität – Qualität in allem erreichen.* Dieses Thema ist wohl das umfassendste, das für eine Zukunftskonferenz denkbar ist. Man könnte es auch „Aus dem Unternehmen ein Juwel machen" nennen. Und das ist sicher ein Kernpunkt jeder echten Unternehmensvision. Entsprechend ist „Qualität in allem" auch für Zukunftskonferenzen ein sehr inspirierendes Thema.
- *Strategie für die nächsten drei Jahre.* Die turnusmäßige dreijährige strategische Planung wird auf der Zukunftskonferenz erneuert. Die Schwerpunktziele für die nächsten drei Jahre werden erarbeitet.
- *Leanness oder Einfachheit.* Ziel ist, alles unnötig Komplizierte auszumisten, alles zu vereinfachen und zu straffen, alles Unnötige wegzulassen. Organisation, Abläufe, Systeme, Prozeduren, Regeln etc. – alles soll einfacher und eleganter werden. Das ist ein sinnvolles Ziel bei manchem großen und alten Unternehmen, das über Jahrzehnte vieles angesammelt hat, was nun vereinfacht werden muss.
- *Zusammenarbeit.* Die Zukunftskonferenz soll die Zusammenarbeit zwischen Ressorts und zwischen Abteilungen verbessern. Zusätzlich werden in der Konferenz von jeder funktionalen Gruppe Wünsche an die jeweils anderen geäußert. Dann werden Verträge zwischen den Gruppen geschlossen.

- *Synergien und Teamgeist zwischen Divisionen.* An der Zukunftskonferenz nehmen die Divisionen eines Großunternehmens teil, um zusammenzuwachsen und Möglichkeiten zur Realisierung von Synergien zu entdecken.
- *Integration eines gekauften Unternehmens.* Die Zukunftskonferenz dient dazu, das gekaufte Unternehmen mit dem kaufenden zusammenwachsen zu lassen. Es werden gemeinsame Visionen und Maßnahmen entwickelt.
- *Bewältigung einer Krise.* Selbst in Krisenzeiten sind Zukunftskonferenzen sinnvoll, wenn es zu ihrer Bewältigung den Einsatz vieler Mitarbeiter braucht und wenn vielen bewusst gemacht werden muss, dass so wie bisher nicht mehr weiter gearbeitet werden kann.

Zukunftskonferenzen können in einem ganzen Unternehmen genauso durchgeführt werden wie in einem Teil davon: einem einzelnen Werk, einem Ressort, einem Rechenzentrum oder einer Serviceorganisation. Manchmal reicht eine einzige Zukunftskonferenz mit einer eintägigen Follow-up-Konferenz einige Monate später für nachhaltigen Wandel aus, manchmal ist eine ganze Serie von Zukunftskonferenzen notwendig, um genügend Schlüsselpersonen zu erfassen.

Jack Welch, Präsident von General Electric, führt die zahlreichen Unternehmen seines Konzerns mit einer Variante von Zukunftskonferenzen, die fünf Tage dauern und denen er selbst in den entscheidenden Phasen beiwohnt. Er nennt sie „Work-out" und in ihnen werden neben den hier dargestellten Aufgaben unter anderem auch Visionen für Ressorts entwickelt und Verträge zwischen Ressorts geschlossen.

KÜNFTIGE ENTWICKLUNGEN

Zukunftskonferenzen sind ein Führungsinstrument, dessen Zeit nun gekommen ist. Sie sind einfach und radikal. Sie nutzen die Fähigkeiten des ganzen Systems, um das ganze System einschließlich seiner Vergangenheit, Außenwelt und beteiligten Menschen, der Fakten, Wahrnehmungen und Werte zu analysieren. Sie sind die Bühne für den Entwurf der Vision, der mittelfristigen Ziele und der Maßnahmen für das ganze System. Zukunftskonferenzen sind ein Schlüsselwerkzeug ganzheitlichen Führens.

In den nächsten zwei Jahrzehnten werden wir uns daran gewöhnen, mit Großgruppen zu arbeiten. Wir werden häufig Zukunftskonferenzen durchführen

FÜHREN MIT VISIONEN

– nicht nur einmal in drei oder fünf Jahren. Diese werden dann nicht immer drei Tage dauern. Sie werden nicht immer aufwendig in einem Hotel im Grünen stattfinden, wo alle übernachten müssen (so wertvoll und wünschenswert dies in vielen Fällen auch ist), sondern auch in einem geeigneten Raum auf dem Gelände des Unternehmens oder in der Nähe. Sie sind der nächste logische Schritt in Richtung einer partizipativen Führung.

Die Methodik der Zukunftskonferenz wird weiterentwickelt werden. Ich schätze, dass die emotionale und intuitive Seite noch stärker betont werden wird. In der dritten Phase zum Beispiel werden die Gruppen ein oder zwei der Dinge, auf die sie stolz sind oder die sie bedauern, in einem kurzen Sketch darstellen. Es wird auch möglich sein, mit 70 Personen gleichzeitig eine Fantasiereise durchzuführen, um sie in mehr Kontakt mit ihrer gemeinsamen Vision zu bringen und um das kollektive Bewusstsein zu entfalten.

Wir werden lernen, mit mehr als 70 Personen produktive Konferenzen abzuhalten. Im nächsten Kapitel wird ein Unternehmen beschrieben, das eine Variante der Zukunftskonferenz mit 130 Personen durchgeführt hat. Wir werden es in internationalen Unternehmen schaffen, Zukunftskonferenzen in mehreren Ländern zeitgleich ablaufen zu lassen und per Satellit miteinander zu verbinden. Wir werden das Instrumentarium, um in Unternehmen die gemeinsame Vision zu entdecken und um dann einen Energieschub auszulösen, mit Sicherheit immer weiter verfeinern.

KAPITEL 10

Erfahrungen aus dem Visionsprozess eines Aluminiumwerks

> „Was ein Unternehmen lebendig macht, ist seine fantasievolle, intelligente, gemeinsame Vision der Zukunft, um den fließenden Vorgang Unternehmen lebenswert, lebensfroh zu gestalten. Es ist ein Prozess, an dem alle im Unternehmen tätigen Menschen beteiligt sein müssen."
>
> *Robert J. Schläpfer, Schläpfer AG, St. Gallen*

In diesem Kapitel soll einem Visionsprojekt Ehre zuteil werden, das eine wegweisende Pionierleistung war und das meine eigene Arbeit inspiriert und beeinflusst hat. In diesem Projekt wurden alle Mitarbeiter des Unternehmens angeleitet zu visionieren und damit wurde im ganzen Unternehmen ein Energieschub von unerwarteter Stärke und nachhaltiger Wirkung ausgelöst. Das Projekt fand bei Karmøy Fabrikker (KF), einem norwegischen Aluminiumwerk mit damals 1 700 Mitarbeitern, statt. KF gehört zu Norsk Hydro, dem größten Konzern Norwegens. Das Visionsprojekt war sehr erfolgreich und hat in seinem Land und darüber hinaus viel Aufsehen erregt. Eine englische Universität drehte einen Film darüber. Die Beraterin Marjorie Parker, die es maßgeblich geprägt hat, erhielt vom norwegischen Forschungsrat ein Stipendium, um es in einem Buch zu dokumentieren.

FÜHREN MIT VISIONEN

Marjorie Parker traf den Geschäftsführer von KF, Tormod Bjørk, das erste Mal im Herbst 1986. Bjørk war neu in seiner Position. KF hatte in den vergangenen Jahren einige gravierende Probleme überwunden und arbeitete erfolgreich. Doch Bjørk hatte das Empfinden, dass das KF noch ein „höheres Plateau" erreichen könnte, und er wollte es auf dieses neue Plateau „heben". Marjorie Parker kam im ersten Gespräch zu der Überzeugung, dass, um dieses neue Plateau zu erreichen, Kampagnen zur Steigerung der Produktivität, Qualität, Kundenorientierung oder Effizienz nicht ausreichen würden, sondern dass es eines „visionären Ansatzes" bedurfte. Sonst, dachte sie, würde der Quantensprung in eine neue Ebene nicht gelingen.

Zunächst besprachen sie, wie das neue Plateau aussehen solle, was also die Vision von Tormod Bjørk war. Bjørk hatte von dem neuen Plateau noch keine genauen Vorstellungen. In jedem Fall wollte er in seinem Aluminiumwerk, das aus vier finanziell unabhängigen Geschäftseinheiten bestand, einerseits mehr Kompetenzen und Verantwortung dezentralisieren, andererseits wollte er aber auch die Synergiepotenziale zwischen den Geschäftseinheiten besser nutzen. Dies erschien ihm zuerst als unvereinbarer Gegensatz.

Marjorie Parker und er suchten dann nach einer Analogie oder Metapher, die dieses Paradox erklären konnte. Sie kämmten die Natur nach möglichen Metaphern durch und landeten schließlich bei einem Garten. Ein Garten war zwar weit von der Realität eines sehr technisch orientierten Unternehmens entfernt, doch er schien genau für das zu stehen, was Bjørk aus KF machen wollte. Jede Blume ist einzigartig und doch bilden alle zusammen einen Garten. Sie wachsen auf dem gleichen Boden und der gleichen Sonne entgegen. Es war nahe liegend, die Geschäftseinheiten als Blumen zu sehen und den Garten als das ganze Unternehmen. Der Boden waren die gemeinsamen Werte, die Sonne stand für die Atmosphäre, die in dem Unternehmen herrschen sollte, die Insekten sollten Kunden versinnbildlichen, das Wasser die Führung.

Tormod Bjørk entsprach nicht der allgemeinen Vorstellung eines visionären oder charismatischen Führers. Er war Ingenieur, pragmatisch und bodennah. Er bezeichnete sich selbst nicht als imaginativ. Doch die Metapher des Gartens gefiel ihm, weil sie ihm half, sich über seine Vision klar zu werden. Sie veranschaulichte gut die systemischen Zusammenhänge zwischen Strategie, Struktur und Kultur. In weiteren Einzelgesprächen leitete Marjorie Parker Tormod Bjørk durch Fantasiereisen, die ihn stärker mit seiner Intuition und Kreativität in Verbindung brachten. Sie half ihm, sich zu entspannen und sich die Zukunft seines Unternehmens im Geiste vorzustellen. Sie stellte ihm, als er in einem zugleich

ERFAHRUNGEN **KAPITEL 10**

entspannten und konzentrierten Zustand war, Fragen zur Zukunft von KF. Sie bemerkte, dass die Antworten, die er in diesem Zustand gab, visionärer waren als die, die er aus seinem Alltagsbewusstsein heraus gab, und dass er mit der Zeit immer besser imaginieren konnte.

Tormod Bjørk fühlte sich durch die Vision, die in ihm wuchs, inspiriert und motiviert. Er wollte daher auch das Management und alle Mitarbeiter in seine Vision einbeziehen. Natürlich hatten er und Marjorie Parker Ängste, ob die Führungskräfte und Mitarbeiter mit der Metapher des Gartens etwas anfangen konnten. Doch es schien richtig zu sein und sie marschierten los. Außer einer Idee für den ersten Schritt gab es dafür keinen Plan. Der Visionsprozess entfaltete, einmal begonnen, seine eigene Dynamik. Er war schon ein Teil der Wirkung der Vision.

DIE ERSTE VISIONSKONFERENZ

Der erste Schritt war eine bereits früher geplante zweitägige Managementkonferenz im Februar 1987. An ihr nahmen 130 Führungskräfte und Gewerkschaftsvertreter (als Repräsentanten des norwegischen Äquivalents des Betriebsrats) teil. Zur Vorbereitung wurde ein Künstler beauftragt, ein Bild des Gartens zu malen. Es entstanden dann sogar drei Bilder: Eines stellte KF dar, wie es damals 1987 war, ein zweites stellte die Vision dar, KF im Jahr 1992, ein drittes zeigte, wie KF früher, im Jahr 1980, gewesen war. Auf den Bildern wurden die vier Geschäftseinheiten von KF als vier Blumen dargestellt, die zentralen Stäbe waren kleinere Pflanzen daneben. Alles in dem Garten hatte eine bestimmte Bedeutung.

Die Konferenz wurde von dem Präsidenten des Beirats von KF, der gleichzeitig Vizepräsident der Chemiearbeitergewerkschaft war, eröffnet. Er sagte, dass im Mittelpunkt dieser Konferenz nicht, wie bei allen bisherigen, die Probleme von KF stehen sollten, sondern sein Potenzial, seine Vision. Marjorie Parker hielt danach einen kurzen Vortrag darüber, was eine Vision ist und wozu man sie braucht. Im Anschluss daran stellte Tormod Bjørk seine Vision dar. Er ließ die Gartenbilder dazu auf eine Leinwand projizieren. Die 130 Teilnehmer der Konferenz empfanden den Vergleich ihres Unternehmens mit einem Garten nicht als kindisch oder lächerlich. Sie waren erstaunt. Tormod Bjørks Aufrichtigkeit und Authentizität verschafften ihm Respekt. Er sprach offen über den Traum, den er

FÜHREN MIT VISIONEN

Abb. 10.1 Der Visionsprozess bei Karmøy Fabrikker (KF)

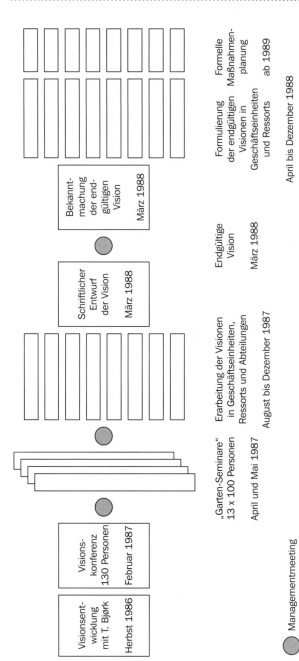

für KF hatte. Marjorie Parker berichtet, wie während der Rede das Energieniveau anstieg. Die Aufmerksamkeit der Zuhörer war voll da. Es wurden mehr als nur Worte kommuniziert. Die Teilnehmer der Konferenz verstanden auch emotional die Vision und die am Beispiel des Gartens aufgezeigten Verbindungen zwischen Strategie, Struktur und Kultur.

Danach wurden alle Teilnehmer der Konferenz gebeten, selbst eine Vision von der Zukunft von KF zu entwerfen. Sie sollten dies in einer schöpferischen, fantasievollen Weise tun. Sie sollten das Bild einer Zukunft entwerfen, die ihnen wichtig ist und für die sie gerne arbeiten wollen.

Die Teilnehmer wurden in kleine Gruppen aufgeteilt. Jede Gruppe erhielt Materialien zur Gestaltung ihrer Vision: Wachsmalstifte, Flipchartpapier, Overheadfolien, Scheren und andere Hilfsmittel befanden sich in jedem Gruppenraum. Die Gruppen arbeiteten dann zwei Stunden, tauschten für 20 Minuten „Botschafter" mit anderen Gruppen aus, um neue Inspirationen zu erhalten, und arbeiteten danach nochmals eine Stunde.

Die Präsentation der Visionen war ein kreatives Feuerwerk. Die Gruppen produzierten zahlreiche Gedichte, Zeichnungen, Sketche, Collagen und Modelle. Es wurde begeistert vorgetragen und begeistert zugehört. Es wurde viel gelacht. Das Energieniveau der Konferenzteilnehmer war enorm hoch. Die Visionen zeichneten ein Idealbild, das den Werten der Beteiligten entsprach. Sie enthielten herausfordernde Ziele und eine Reihe konkreter Ideen und Vorschläge, die die Vision bereits ausfüllten. Alle Konferenzteilnehmer waren von der Stimmung und dem Ergebnis begeistert.

Als sich das oberste Management kurze Zeit später traf, um die Konferenz auszuwerten, wurde deutlich, dass sie für die Teilnehmer eine sehr wichtige Erfahrung war. Es war dort etwas passiert, doch die Teilnehmer hatten Schwierigkeiten zu artikulieren, *was* passiert war.

Das Management wollte in jedem Fall weitermachen. Es wollte die verbleibenden 1 570 Mitarbeiter in den Visionsprozess einbeziehen. Alle sollten an einer eintägigen Visionskonferenz teilnehmen und alle sollten hinterher daran beteiligt werden, Visionen für ihre Geschäftseinheiten, Ressorts, Abteilungen und für KF insgesamt zu erarbeiten.

FÜHREN MIT VISIONEN

*D*IE „GARTEN-SEMINARE"

Knapp drei Monate später, im April und Mai 1987, fanden 13 eintägige Visionskonferenzen statt, die „Garten-Seminare" genannt wurden. Alle Mitarbeiter wurden dazu eingeladen. Die Gewerkschaftsvertreter, die bereits an der ersten Konferenz teilgenommen hatten, motivierten aktiv ihre Kollegen. Die Teilnahme an den „Garten-Seminaren" war freiwillig. 1 270 von 1 570 Mitarbeitern sagten zu, 300 sagten aus den verschiedensten Gründen ab. An jedem „Garten-Seminar" nahmen also etwa 100 Mitarbeiter teil, immer ein Querschnitt aus dem ganzen Unternehmen. Es hatte sich eine Gruppe von Freiwilligen gebildet, die diese Seminare organisierten.

Der Ablauf der „Garten-Seminare" entsprach in etwa dem der ersten Managementkonferenz. Nach Vorträgen von Marjorie Parker und Tormod Bjørk entwarfen die Teilnehmer in kleinen Gruppen Visionen. Abends wurden diese präsentiert. Dazu kam dann jeweils auch der größte Teil der Führungskräfte und Gewerkschaftsvertreter, die an der ersten Konferenz teilgenommen hatten.

Die Ergebnisse waren wie schon in der ersten Konferenz sehr beeindruckend. Viele Führungskräfte sagten, dass sie erstaunt gewesen seien, wie kreativ die Mitarbeiter waren, wie viele konstruktive und innovative Ideen sie hatten und wie sehr ihnen das Unternehmen ganz offensichtlich am Herzen lag. Einige der Visionsfacetten entsprangen zwar den Ego-Bedürfnissen der Mitarbeiter, doch der überwiegende Teil war auf das Wohl des Ganzen ausgerichtet. Es zeigte sich auch, dass die Metapher des Gartens die Fantasie der Mitarbeiter in hohem Maße stimulierte.

Einige Wochen nach dem letzten „Garten-Seminar" fand im Juni 1987 ein zweitägiges Treffen der obersten Führungskräfte statt. Dort wurde das weitere Vorgehen geplant. Denn nun sollten in den Geschäftseinheiten und ihren Ressorts Visionen entwickelt und umgesetzt werden. Außerdem wurde die sofortige Umsetzung einer Reihe konkreter Ideen, die in dem Visionsprozess entstanden, beschlossen. Das war ein wichtiges Signal an die Mitarbeiter, dass ihr Beitrag ernst genommen wird.

Im Unternehmen war Ungeduld entstanden – ein gutes Zeichen dafür, dass man etwas in Richtung der Vision bewegen wollte.

ERFAHRUNGEN **KAPITEL 10**

VISIONSENTWICKLUNG IN GESCHÄFTSEINHEITEN UND RESSORTS

In der Folge wurden zwischen August und Dezember 1987 in den vier Geschäftseinheiten sowie in deren Ressorts und einigen großen Abteilungen Visionen für die jeweilige Einheit entwickelt. Dies geschah in Workshops, die unterschiedlich lange dauerten und unterschiedliches Format hatten. Manche Teams trafen sich mehrmals für wenige Stunden. Andere trafen sich einmal für zwei Tage. Wieder andere brauchten insgesamt mehr Zeit.

Die Materialien, die in der ersten Visionskonferenz und in den „Garten-Seminaren" entstanden waren, wurden je nach Inhalt an die zuständigen Einheiten verteilt. Jedes Team sollte bis Dezember 1987 eine schriftliche Vision erstellen. Diese durfte auch konkrete Ideen und Konzepte dafür enthalten, in welcher Form die Vision Wirklichkeit werden kann.

Es wurden vorher einige Voraussetzungen geschaffen, die man für ein solches Projekt braucht. Ein Steuerungsteam für das Projekt wurde benannt, ebenso Koordinatoren in den einzelnen Geschäftseinheiten und Ressorts. Moderatoren aus den Reihen von KF wurden ausgebildet. Eine Broschüre über Vision und Visionsentwicklung wurde ausgearbeitet und verteilt. Zusätzlich wurde noch ein Führungstrainingsprogramm aufgelegt.

Die Herausforderung bestand darin, die Einheiten dazu zu bringen, tatsächlich eine Vision zu entwickeln. Schließlich hatte bislang noch niemand Erfahrung damit und kaum einer wusste, was eine Vision beinhalten und wie sie formuliert sein sollte.

Eine bemerkenswerte Erfahrung in dieser Projektphase war, dass die Führungskräfte und Mitarbeiter das Projekt wollten und es aktiv vorantrieben. Es war nicht die Führungsspitze oder der Berater, die allein Zugpferd dafür waren. Das Projekt gehörte der Mannschaft. Und das war ein Zeichen dafür, dass die Vision ihre Wirkung tat.

FÜHREN MIT VISIONEN

DIE FORMULIERUNG DER KF-VISION

Das Steuerungsteam des Visionsprojekts erhielt alle Visionsentwürfe der Geschäftseinheiten, Ressorts und Abteilungen und las sie durch. Tormod Bjørk las sie ebenfalls. Das Steuerungsteam extrahierte aus den Visionsentwürfen die Elemente, die für KF als Ganzes von Belang waren. Daraus formulierten sie den Entwurf einer KF-Vision, der dann von Tormod Bjørk überarbeitet wurde. Dieses Papier wurde daraufhin an alle Teams, die visioniert hatten, verteilt und von diesen diskutiert und kommentiert.

Danach fand im März 1988 ein Meeting der obersten 20 Führungskräfte von KF statt. Das überarbeitete Visionspapier wurde von Tormod Bjørk präsentiert, gemeinsam diskutiert und ergänzt. Es entstand eine neue Version der KF-Vision, die dann wieder von weiteren Führungskräften und Gewerkschaftsvertretern kommentiert wurde. Danach wurde die endgültige Vision für KF herausgegeben. Sie wurde gedruckt und an die Mitarbeiter verteilt. Weiterhin wurde ein Poster mit dem Bild des Gartens und dem Text der Vision gedruckt und verteilt.

Bis zum Herbst 1988 formulierten dann auch die Geschäftseinheiten ihre endgültigen Visionen. Sie wurden auf verschiedene Weisen kommuniziert: in Broschüren, mit Newslettern und mit Veranstaltungen.

DIE UMSETZUNG DER VISION

Ab 1989 entwickelten die Geschäftseinheiten, Ressorts und Abteilungen formelle Aktionspläne zur Umsetzung ihrer Visionen. Doch das soll nicht heißen, dass vorher nichts geschah – im Gegenteil. Denn sobald eine Vision einmal im Bewusstsein ist, leitet sie das tägliche Handeln. Sie prägt das Verhalten und sie fördert das Entstehen konkreter Ideen, wie die Vision realisiert werden kann. Tormod Bjørk bemerkte: „Das Unternehmen sprüht vor Aktivität." Eine bemerkenswerte Anzahl von Maßnahmen waren in Gang gesetzt worden, ohne dass diese formell mit dem Visionsprozess verbunden waren. Auch das Verhalten im Unternehmen änderte sich. Die Tatsache, dass die Unfallrate um die Hälfte sank, führte der Sicherheitsbeauftragte des Werks darauf zurück, dass viel mehr Menschen nun Verantwortung für ihre Gesundheit und ihre Sicherheit übernahmen.

Die Mitarbeiter nahmen die Veränderung zunächst nicht wahr. In ihrem unmittelbaren Umfeld passierte nur wenig und sie konnten nicht sehen, in welcher Bewegung sich das ganze Unternehmen befand. Daher wurden alle neuen Aktivitäten, die auf die Vision hinführten, zentral gesammelt und in monatlichen Newslettern veröffentlicht. Ein Übriges taten die Medien, die auf die bemerkenswerten Ergebnisse bei KF aufmerksam wurden und darüber berichteten.

ERGEBNISSE

Der Visionsprozess bei KF hatte nicht als erstes Ziel, den Gewinn zu steigern. Er sollte ein Unternehmen mit mehr Leben, mehr Sinn und mehr Richtung schaffen und KF auf ein höheres Plateau anheben. Doch er trug zu einer Erhöhung des Gewinns bei. Wie sehr, ist präzise nicht zu sagen. Denn die Nachfrage nach Aluminium zog an, die Aluminiumpreise stiegen und KF erhöhte seine Kapazität. Der operative Gewinn von KF stieg von 1,6 Millionen norwegischen Kronen im Jahr 1986 auf über eine Milliarde norwegische Kronen im Jahr 1989. Die Produktivität des Werks erhöhte sich im gleichen Zeitraum um 33 Prozent.

KF gewöhnte sich daran, immer wieder neue Rekorde aufzustellen. Der Energieverbrauch sank, Emissionen wurden reduziert, der Absentismus ging zurück. Die Zahl der Verbesserungsvorschläge stieg von 131 im Jahr 1983 auf 1 218 im Jahr 1989. KF erhielt 1988 den norwegischen Umweltpreis.

Das Interesse der Mitarbeiter an Weiterbildung ist deutlich gestiegen. Sie belegten Seminare in Fremdsprachen, Physik, Chemie, Mathematik, Kommunikation, Verhandlungsführung, Verkauf und anderem mehr. Durch den umfassenden Visionsprozess wurde ein emotionaler Kontext geschaffen, der es den Einzelnen erlaubte, ihr Verhalten – behutsam – zu verändern.

Heute wird KF von vielen Managern aus anderen Unternehmen besucht. Auf die Fragen von Besuchern nach den Gründen für den Erfolg antworten KF-Mitarbeiter: „Wir haben begonnen, anders zu denken. Es ist für uns selbstverständlich geworden, ständig zu lernen und alles zu verbessern." Durch den Visionsprozess ist eine lernende Organisation entstanden. Den Mitarbeitern muss nicht mehr gesagt werden, dass sie veränderungsbereit sein sollen, die Veränderung ist für sie tägliche Praxis geworden. Sie sind nicht auf begrenzte Ziele hin orientiert, nach deren Erreichen man die Hände in den Schoß legen kann, sondern auf eine darüber hinausgehende langfristige Vision.

FÜHREN MIT VISIONEN

ERKENNTNISSE

Der Visionsprozess bei KF war wahrscheinlich der weltweit erste Versuch, *alle* Mitarbeiter eines großen Unternehmens dadurch für eine gemeinsame Vision zu gewinnen, dass man sie an der Entwicklung der Vision beteiligte – und zwar auf eine Weise, die die Fantasie anregte. Das Ergebnis war eine bemerkenswerte Revitalisierung des Unternehmens. KF wurde durch den Prozess lebendiger. Die Vision sprach nicht nur die Köpfe, sondern auch die Herzen der Mitarbeiter an. Sie inspirierte sie und stärkte ihren „Spirit". Sie gab ihnen ein Gefühl für Richtung und Sinn. Dadurch setzte sie bei den Mitarbeitern Energie frei – Lebensenergie. Bei KF wurde exemplarisch das Energiefeld aufgebaut, das, sobald es einmal da ist, die Mitarbeiter „führt".

Auch bei KF ist nicht jeder Mitarbeiter und jede Führungskraft erreicht worden. Eine Reihe hatten Schwierigkeiten, sich von alten Verhaltensmustern zu lösen. Doch die kritische Masse, die notwendig ist, um eine allgemeine Bewegung in Gang zu setzen, wurde offenbar von der Vision infiziert.

Unabdingbarer Erfolgsfaktor für einen solchen Prozess ist eine Führungsspitze, die voll dahinter steht. Das war bei Tormod Bjørk der Fall. Allerdings wurden bereits eindreiviertel Jahre, nachdem der Prozess begonnen wurde, Bjørk und seine Leiterin der Personalentwicklung, die für das Visionsprojekt ebenfalls eine starke Triebkraft war, in die Hauptverwaltung des Norsk-Hydro-Konzerns befördert. Der Visionsprozess war bis zu diesem Zeitpunkt jedoch schon so weit gediehen, dass seine Wirkungen unumkehrbar waren. Die Erfolge stellten sich trotzdem ein. Wäre das auch so gewesen, wenn der Geschäftsführer seine Vision nur „top-down" verkündet hätte? Ich vermute, nein. Gerade deshalb sollten wir heute den ungewohnten Weg gehen, die Vision in allen Mitarbeitern entstehen zu lassen. Sodass die Mitarbeiter nicht nur zu einer Vision beitragen, sondern die Vision als ihre eigene betrachten. Tatsächlich trägt jeder Mitarbeiter ja immer schon unbewusst die Vision des Unternehmens in sich. Durch einen Prozess wie bei KF wird die gemeinsame Vision bewusst gemacht und zur Wirkung gebracht.

KAPITEL 11

Offene und verdeckte Strukturen

- „Wenn das Korn schimmelt, suche die Ursache für den Schimmel
- nicht im Korn, sondern wechsle den Speicher."
- *Antoine de Saint-Exupéry*

Die *eine* Aufgabe des Führers ist, die Vision im Unternehmen bewusst und lebendig werden zu lassen und damit die Energie der Mitarbeiter zu aktivieren. Die *zweite* wichtige Aufgabe besteht darin, Strukturen zu schaffen, die den Fluss der Energie erlauben. Es hat keinen Sinn, viel Energie zu mobilisieren, wenn dann Strukturen vorhanden sind, die der Verwirklichung der Vision entgegenstehen.

Die Strukturen selbst mobilisieren keine Energie, sie lassen sie nur zu. Doch wenn die Strukturen der Vision und damit auch den formulierten Werten des Unternehmens nicht entsprechen, dann verhindern sie nicht nur die Realisierung der Vision, sondern sie lösen bei den Mitarbeitern auch ungute Gefühle aus. Das heißt, sie vernichten Energie.

Die Führungsspitze eines Unternehmens sollte sich daher als Architekt von Strukturen verstehen. Sie sollte sich sehr genau bewusst sein, auf welche Strukturen es im Unternehmen ankommt. Es gibt im Unternehmen offene, materielle Strukturen und es gibt verdeckte, immaterielle Strukturen. Verdeckte haben meist größere Auswirkungen auf den Fluss der Energie als offene und sie sind zudem schwerer zu verändern. Ich will dennoch mit den offenen beginnen.

FÜHREN MIT VISIONEN

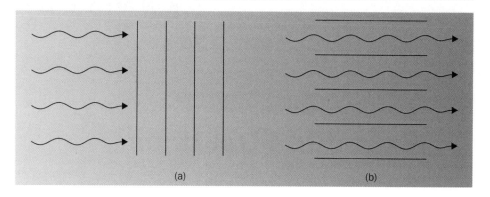

Abb. 11.1 Strukturen, die den Energiefluss blockieren (a) und ermöglichen (b)

OFFENE, MATERIELLE STRUKTUREN

Zu den materiellen Strukturen zählen zuvorderst Gebäude und technische Anlagen. Auch wenn diese vielleicht noch nicht so sind, wie wir sie uns in unserer Vision vorstellen, als Energieblockaden für die Mitarbeiter werden sie sich nur selten auswirken.

Des Weiteren gibt es die *Organisationsstruktur*. Was bei ihr den Fluss kreativer Energie erleichtert, ist inzwischen hinlänglich bekannt: flache Hierarchien, kleine Einheiten, die eine eigenständige Aufgabe haben, Kompetenzen, die gewährleisten, dass Entscheidungswege kurz sind und vor Ort entschieden werden kann, Verantwortung in der Linie und nicht bei Stäben, kleine Hauptverwaltungen, wenn das Unternehmen divisionalisiert ist, Projektteams für zeitlich begrenzte, interdisziplinäre Aufgaben.

Die *teilautonome Arbeitsgruppe* (sehr gut beschrieben von Marvin Weisbord) ist eine strukturelle Innovation, die sich in der Produktion immer mehr durchsetzt. In ihr wird der rigide Rahmen, in dem sich Werker üblicherweise bewegen, deutlich aufgeweicht, dass im günstigsten Fall jeder jeden Job innerhalb der Gruppe kann und sich die Gruppe die Arbeit selbst organisiert und zuteilt. Hier ist zweifellos mehr Initiative und Kreativität als bisher möglich.

Eine andere, noch weiter gehende strukturelle Innovation in der Produktion sind die so genannten „New Design Plants" (sehr gut beschrieben von Edward E. Lawler), die dort, wo sie eingeführt wurden, zu hohen Produktivitätssteigerungen geführt haben – so hoch, dass Procter & Gamble, einer der Pioniere auf diesem Gebiet, in seine „New Design Plants" keine Fremden mehr hineinlässt. Merkmale von ihnen sind neben den schon erwähnten teilautonomen Arbeitsgruppen: Gehalt für alle, Bezahlung nach Anzahl der beherrschten Jobs, Lay-out des Werks unter Beteiligung der Arbeiter, minimale Hierarchie, keine Privilegien für das Management, nach Produkten segmentierte Produktion, Auswahl neuer Mitarbeiter durch die Kollegen, Räume für Teambesprechungen und manchmal auch noch finanzielle Beteiligung der Mitarbeiter an den Produktivitätsfortschritten.

Eine weitere wichtige Struktur ist das *System der Belohnungen*. So lebendig wir die Vision auch gemacht haben, niemand arbeitet gegen sein eigenes Portemonnaie. Vielmehr ärgern sich die Führungskräfte und Mitarbeiter, wenn der Modus der Bezahlung sie zwingt, Dinge zu tun, die ihren eigentlichen Werten widersprechen. Und das entzieht ihnen Energie. Wenn wir Einzelprämien aussetzen, wo die Leistung eigentlich von Teamarbeit abhängt und den Mitarbeitern Teamarbeit Spaß macht (wie es in der Entwicklung oft der Fall ist), werden wir feststellen, dass die guten Leute das Unternehmen verlassen. Das System der Belohnungen muss also der gemeinsamen Vision entsprechen. Manchmal werden wir auf variable Bezahlung wie Akkordlohn und Umsatzprovision verzichten und manchmal Führungskräfte und Mitarbeiter, die bisher nur ein Fixgehalt hatten, variabel bezahlen. Wenn herausragender Service zur Vision gehört, ist es denkbar, Führungskräfte und Mitarbeiter nach der tatsächlichen Servicequalität zu bezahlen. Diese müsste dann regelmäßig bei den Kunden abgefragt werden. Es gibt bereits Unternehmen, die das praktizieren.

Eine ähnliche Funktion wie das System der Belohnungen hat das *Beurteilungssystem* – insbesondere für Führungskräfte, bei denen von der Beurteilung abhängt, ob sie aufsteigen oder nicht. Wenn nur das Erreichen begrenzter Ziele in die Beurteilung einbezogen wird, werden sich die Führungskräfte allein nach diesen Zielen richten, nicht aber nach der Vision. General Electric beurteilt seine Führungskräfte bewusst nach visionsorientierten Kriterien wie: ob sie ihren Mitarbeitern vertrauen und Kompetenzen abgeben, ob sie innovativ sind und neue Ideen fördern, ob sie Entscheidungen schnell treffen, ob sie die Realität ehrlich darstellen, ob sie sich leidenschaftlich für eine Vision einsetzen etc. Jedes Kriterium wird auf einer Skala von eins bis fünf bewertet. Das scheint mir die Richtung zu sein, in die wir gehen müssen.

Eine weitere wichtige Struktur ist die *Struktur des Informationsflusses*. Haben tatsächlich alle Mitarbeiter die Information, die sie für ihre Arbeit brauchen? Oder ist diese Information nicht verfügbar und wird sie vielleicht aus Gründen der Machterhaltung zurückgehalten? Wenn nur einige einflussreiche Personen Informationen zurückhalten, dann wird von den restlichen Mitarbeitern Information mit Macht und Prestige gleichgesetzt und andere werden ebenfalls Informationen zurückhalten. Mitarbeiter, die sich nicht gut informiert fühlen, fühlen sich nicht als Teil des Ganzen, ihre Energie sinkt ab. Damit die Energie im Unternehmen wirklich fließen kann, müssen wir sicherstellen, dass alle alle erforderlichen Informationen haben. Bei dem im letzten Kapitel beschriebenen Aluminiumwerk Karmøy Fabrikker wurden als Resultat des Visionsprozesses an mehreren Stellen im Werk interaktive Monitore aufgestellt, mit denen jeder auf eine Vielzahl von Informationen zugreifen konnte.

Eine letzte materielle Struktur, auf die ich noch eingehen möchte, ist das *Berichtswesen*. Was müssen Abteilungen, Werke, Niederlassungen, Filialen oder Tochtergesellschaften periodisch nach oben berichten? Sind es nur zahlenmäßige Ergebnisse? Oder sollen auch qualitative Informationen über Kunden, den Markt, den Service berichtet werden? Wird nur über das laufende Geschäft berichtet oder auch über das, was man neu gemacht oder verbessert hat, möglicherweise auf Kosten des laufenden Geschäfts? Das Format des Berichtswesens bestimmt, woran sich Führungskräfte gemessen fühlen. Und das muss mit der Vision kongruent sein. Mir erscheint ein Vorgehen am sinnvollsten, bei dem man mit den Betroffenen gemeinsam herausarbeitet, was sie periodisch berichten sollen.

Die Menge der materiellen Strukturen, die in einem Unternehmen die Energie kanalisieren oder blockieren, ist damit noch nicht erschöpft. Da es den Rahmen dieses Buches sprengen würde, sie alle zu erläutern (man könnte ein eigenes Buch darüber schreiben), will ich sie nur aufzählen:

- ◆ operative Planungssysteme
- ◆ strategische Planungssysteme
- ◆ Zielsetzungssysteme (MbO)
- ◆ Vorschlagsformate für neue Produkte
- ◆ Karrierewege
- ◆ interne Revision
- ◆ Vorschlagswesen
- ◆ Entscheidungswege zur Genehmigung von Investitionen

VERDECKTE, IMMATERIELLE STRUKTUREN

Die verdeckten Strukturen in einem Unternehmen sind seine Gewohnheiten. Wir nennen sie im sozialwissenschaftlichen Jargon auch Normen. Sie sind ein wesentlicher Aspekt der Kultur des Unternehmens. Wir können das Vorhandensein dieser Strukturen meist nicht ohne weiteres erkennen. Denn sie werden nicht wie die Organisationsstruktur als Bild mit Kästchen und Linien aufgezeichnet und veröffentlicht.

Nicht selten sind die Gewohnheiten oder Normen genau entgegengesetzt zur Vision. Sie waren meistens richtig in der Vergangenheit und haben geholfen, das Unternehmen erfolgreich zu machen, doch für die Zukunft taugen sie nicht mehr. Dann wirken sie destruktiv. Sie blockieren die Energie, die wir mit der Vision entfacht haben. Denn ein Visionsprozess ändert nicht immer alle Normen des Unternehmens, obwohl er einiges in dieser Hinsicht bewirkt und insbesondere zu einem partizipativeren, offeneren Stil beiträgt. Doch das Beharrungsvermögen mancher Normen ist groß.

Gewohnheiten oder Normen sind noch in anderer Hinsicht hart wie Beton. Dem Einzelnen fällt es sehr schwer, sich anders zu verhalten, als es in seinem Unternehmen eben Norm ist. In den ersten Wochen in einem neuen Unternehmen beobachtet und lernt jeder ängstlich und aufmerksam die dort herrschenden Regeln. Was ist erlaubt und was nicht? Wie muss man sich verhalten, wenn ein Kunde im Raum ist? Wie ehrlich soll man zu Kunden sein? Darf man „einfach so" zum obersten Chef gehen? Welche Entscheidungen darf man tatsächlich alleine treffen? Wen muss man zu Besprechungen einladen? Darf man in Besprechungen konstruktive Kritik äußern? Darf man sich konsequent für neue Ideen einsetzen? Wie sehr muss man sich an Vorschriften halten? Wie gut muss man die Zahlen kennen? Wie muss man angezogen sein? Wie lange sollte man abends im Büro bleiben?

Wer die Normen nicht einhält, wird manchmal auf subtile, manchmal auf ausdrückliche Weise sanktioniert, manchmal mehr von den Vorgesetzten, manchmal mehr von den eigenen Kollegen, je nachdem, wer mehr Interesse an der Einhaltung der Norm hat. Daher wirken Normen so zwingend und prägen das Leben in der Organisation. Jeder trägt zu ihrer Stabilisierung bei und kaum einer kann sich ihnen entziehen. Es gibt nur wenige Menschen, die sich um Normen nicht kümmern, sondern nach ihrem gesunden Menschenverstand handeln. Eigentlich bräuchten wir mehr davon.

Manchmal entstehen Normen durch einen beabsichtigten Erziehungsprozess. Wenn ein Unternehmensleiter möchte, dass jede Besprechung schriftlich protokolliert wird, braucht er nur immer dann, wenn er von einer Besprechung hört, fragen, wo das Protokoll dazu ist. Mit der Zeit fertigt dann jeder nach Besprechungen Protokolle an – manchmal sogar in übertriebenem Maße und Umfang.

Viele Gewohnheiten oder Normen entstehen jedoch völlig unbeabsichtigt und entsprechen überhaupt nicht dem Wunsch des Managements und auch nicht den schriftlich vorliegenden Visionen, Leitbildern, Philosophien oder was es in diesem Unternehmen gibt. Wir haben oft nicht einmal genaue Kenntnis der in unserem Unternehmen herrschenden Normen. Was in Unternehmen allerdings beachtet wird, sind die unausgesprochenen Regeln, nicht diejenigen, die in Reden oder Papieren verbreitet werden.

JEDE NORM HAT EINE URSACHE

Das Vorhandensein jeder Norm hat einen Grund. Die Norm ist nicht einfach nur so aus heiterem Himmel da. Wenn wir die Norm verändern wollen, dürfen wir uns nicht darauf beschränken, bei unseren Mitarbeitern für eine neue Norm oder Gewohnheit zu werben. Wir müssen den Grund oder die Gründe für die Norm herausfinden und sie beseitigen.

Beispiele:

- Qualität wird zum obersten Ziel des Unternehmens erklärt, dennoch verbessert sich die Qualität nicht. Die tatsächliche Norm heißt: Produktivität über alles.
  Grund: Führungskräfte in der Produktion werden danach befördert, ob sie die Produktivitätsziele erreichen. (Anmerkung: Der hier implizit angenommene Gegensatz zwischen Qualität und Produktivität besteht bekanntlich in vielen Fällen nur kurzfristig, aber nicht grundsätzlich. Dennoch kann das bedeuten, dass das Qualitätsziel nie richtig in Angriff genommen wird.)
- Auslieferungsmonteure eines Möbelhändlers melden Beanstandungen von Kunden an den aufgestellten Möbeln (zum Beispiel aufgrund fehlender Teile) nicht an den Innendienst. Die tatsächliche Norm heißt: Verschweigen!

Die Kunden wundern sich, warum sie von ihrer Reklamation nie mehr etwas hören.
Grund: Die Auslieferungsmonteure müssen die Beanstandung später selbst beheben und den Kunden neu anfahren. Sie können in dieser Zeit jedoch nicht Auslieferungen tätigen, für die sie Prämien erhalten.
- Jeder soll für eigene Fehler Verantwortung übernehmen. Die tatsächliche Norm heißt: Weise alle Schuld von dir und schiebe sie anderen zu!
Grund: Die Unternehmensleitung misst Fehlern weit mehr Aufmerksamkeit bei, als diese tatsächlich verdienen. Das Gute wird kaum beachtet, Fehler werden dagegen an die große Glocke gehängt. (Eigentlich sollte das Positive an die große Glocke gehängt werden.)
- Mitarbeiter in den Filialen einer Bank räumen den Kunden selten einen Dispositionskredit ein, der über zwei Monatsgehälter hinausgeht, obwohl es offizielle Politik der Bank ist, den Verfügungsrahmen bei guten Kunden auf bis zu vier Monatsgehälter auszudehnen.
Grund: Die Bankmitarbeiter, die ihr Konto bei ihrem Arbeitgeber haben, erhalten selbst nur einen Verfügungsrahmen von zwei Monatsgehältern.
- Das Leistungsniveau einer Serviceabteilung, von der das Ansehen des Unternehmens bei den Kunden in beträchtlichem Maße abhängt, bleibt trotz aller Gegenmaßnahmen auf sehr geringem Niveau. Die Norm heißt: Sich nur nicht zu viel Mühe geben!
Grund: Die Abteilung hat so ziemlich das geringste Prestige im Unternehmen – im Gegensatz zum Verkauf, der das Lieblingskind der Geschäftsleitung ist. Die Mitarbeiter der Serviceabteilung werden schlecht bezahlt, erhalten keine Möglichkeiten zur Weiterbildung, die Abteilung erhält die schlechtesten Azubis, sie wird von der Geschäftsleitung fast nie besucht und nie um Rat gefragt, sie erhält als letzte neue Möbel etc. All das signalisiert der Abteilung, dass sie wenig wert ist, und wird zur selbsterfüllenden Prophezeiung.
- Eine Bank gibt die Devise absoluter Kundenorientierung aus. Auf Kundenwünsche soll flexibel eingegangen werden. Die tatsächliche Norm heißt: Halte dich genau an die Vorschriften!
Grund: Vorschriften spielen in dieser Bank seit Menschengedenken eine wichtige Rolle. Es gibt sehr viele davon. Viele wurden nur aufgrund eines einmaligen Vorkommnisses aufgestellt, dessen Wiederholung verhindert werden sollte. Die ganze Organisation „lebt und webt" in Vorschriften. Wer sie missachtet, hat mit Schwierigkeiten mit seinen Vorgesetzten, mit der internen Revision und mit anderen Abteilungen zu rechnen.

FÜHREN MIT VISIONEN

◆ Die Xerox Corporation wollte, um Marktanteile zurückzugewinnen, erheblich innovativer werden und proklamierte das als ihre Vision. Zunächst änderte sich jedoch nicht viel. Eine Untersuchung ergab, dass es Norm war, dass nur der „big-hit home run", die wirklich große Innovation, die ein Einzelgänger erschaffen hat, zählt (Beispiel von Richard Beckhard und Wendy Pritchard).
Grund: Kleine Innovationen wurden vom Management nicht gemessen, anerkannt und belohnt. Sie kamen weder im Berichtswesen noch in Beurteilungen vor. Teamergebnisse wurden ebenfalls nicht anerkannt und belohnt.

NORMEN VERÄNDERN

Wir sollten bei der Veränderung von Normen sehr gezielt vorgehen, mit dem Skalpell sozusagen und nicht mit dem Schlachtbeil. Wir brauchen nie alle Normen des Unternehmens, seine ganze Unternehmenskultur, zu verändern. Wir müssen keine allumfassende Kulturanalyse machen. Wir sollten uns ein paar wenige Normen aussuchen, bei denen uns sehr wichtig ist, dass sie gelebt werden. Dann sollten wir die Gründe dafür, dass diese Normen heute nicht eingehalten werden, untersuchen und beseitigen. Und wir sollten die neuen Normen bekannt machen.

Wir dürfen einem Unternehmen nicht zu viel Veränderung zur gleichen Zeit zumuten. Die Kraft, die für das Entlernen alter und das Erlernen neuer Gewohnheiten gebraucht wird, geht zum Teil von der Kraft ab, die für das laufende Geschäft benötigt wird.

Das folgende Vorgehen, das auf der Arbeit von Neale Clapp aufbaut, hat sich als praktikabel und wirksam erwiesen:

1. *Die kritischen Faktoren identifizieren*
   Im obersten Management werden die kritischen Faktoren ausgewählt, auf die es ankommt. Bekleidungsnormen gehören vielleicht nicht dazu. Die Zusammenarbeit zwischen Abteilungen, der Service gegenüber Kunden und die Einstellung zur Weiterbildung können dagegen wichtige Faktoren sein, um die Vision zu verwirklichen. Es ist sinnvoll, sich auf maximal zehn wichtige Faktoren zu beschränken.

2. *Diagnose: Die Ist-Normen herausfinden*

In den ausgewählten Gebieten wird analysiert, welches die tatsächlichen Normen sind. Dies geschieht durch Befragungen und durch Beobachtung. Es werden Mitarbeiter unten in der Hierarchie wie oben im Management sowie aus allen wesentlichen Funktionsbereichen befragt. Denn deren Sichtweisen über das, was Norm ist, können weit auseinander gehen.

3. *Ideal-Normen definieren*

Das oberste Management definiert als Gegenstück zu den tatsächlichen Normen die Ideal-Normen. Es legt präzise fest, welche Verhaltensweisen es sich wünscht.

4. *Die Ursachen der Ist-Normen herausfinden*

Dies geschieht mit einer Gruppe von Mitarbeitern, die diese Normen täglich leben und erleben. In einem Workshop wird herausgearbeitet, ob die Normen so tatsächlich bestehen, was die Ursachen dieser Normen sind und wie das Management und andere Strukturen des Unternehmens (im oben beschriebenen Sinne) dazu beitragen.

Die Ergebnisse werden der Führungsspitze vorgestellt. Sie überlegt ebenfalls, was zu den Ist-Normen beiträgt. Die Führungsspitze darf in dieser Phase nicht defensiv sein. Denn oft wird sie selbst unbewusst zu Normen beitragen. Und dies muss sie erkennen und ernst nehmen.

5. *Maßnahmen in einem Management-Mitarbeiter-Workshop erarbeiten*

In einem zwei- bis dreitägigen Management-Mitarbeiter-Workshop werden Maßnahmen erarbeitet, die die Ist-Normen unnötig machen, und es werden neue Normen vereinbart. Der Moderator stellt sicher, dass beide Seiten, Mitarbeiter wie Management, etwas geben.

Die vereinbarten Maßnahmen werden umgesetzt.

6. *Den Erfolg überprüfen*

Nach sechs bis acht Wochen kommen die Teilnehmer des Management-Mitarbeiter-Workshops noch einmal zusammen, überprüfen die erzielten Ergebnisse und vereinbaren gegebenenfalls weitere Maßnahmen.

Normen sind das wohl heimtückischste strukturelle Hemmnis bei der Verwirklichung einer Vision, weil oft weder sie selbst noch der Schaden, den sie faktisch und emotional anrichten, erkannt werden. Es lohnt sich, hier den Hebel anzusetzen. Die Führungsspitze managt dann die Kultur und die Kultur managt die Mitarbeiter.

FÜHREN MIT VISIONEN

Epilog: Es geht um mehr!

> „Ein Mensch hat nicht angefangen zu leben, bevor er sich nicht aus den engen persönlichen Bindungen zu den höheren Verpflichtungen der Menschheit befreit hat."
>
> *Martin Luther King*

Mit diesem Buch wollte ich den Weg zeigen, wie Führungsteams und Unternehmen ihre gemeinsame Vision ent-wickeln und zu inspirierter Leistung gelangen können, um dadurch sowohl erfolgreicher zu werden wie auch jedem Beteiligten mehr Zufriedenheit und Erfüllung zu verschaffen. Doch es geht nicht nur um den Erfolg des Unternehmens, es geht um mehr: um den Erfolg der Menschheit schlechthin.

Jede Zeit hat für ihre Führer ein dominantes Thema, eine Richtung, in die es gehen soll und zu der die Führer den Weg weisen sollen. Mit dem Ausklang des Mittelalters war das dominante Thema – die kollektive Vision – in Europa für gut zwei Jahrhunderte „individuelle Freiheit und Achtung der Menschenrechte." Es ging darum, Menschen aus der Herrschaft der Feudalherren und den Dogmen der Kirche zu befreien. Zuerst wurde dies in größerem Ausmaß außerhalb Europas, nämlich in den USA, erreicht. Die anderen Länder zogen nach. Es entstanden demokratische Verfassungen, die die Menschenrechte garantierten. Und die Trennung von Kirche und Staat wurde vollzogen.

Danach war das dominante Thema in der westlichen Welt „Industrialisierung und Wohlstand". Francis Bacon, der englische Staatsmann und Philosoph, beschrieb die neue gemeinsame Vision schon sehr früh in „Nova Atlantis": eine Gesellschaft, die sich die Naturgesetze und technischen Erfindungen zunutze macht und in der das Leben für alle angenehmer und leichter ist. In dieser Epoche wurden die Leiter von Unternehmen wichtige Führer für die Gesellschaft als Ganzes. Insbesondere die erste Hälfte dieses Jahrhunderts brachte eine Reihe von Unternehmern hervor, denen es ein tiefes Anliegen war, nicht nur selbst erfolgreich zu sein, sondern auch zum Wohlstand der Allgemeinheit beizutragen, indem sie Produkte preiswerter machten und ihre Arbeiter höher bezahlten. Dazu

EPILOG

zählten, um nur einige zu nennen, Robert Bosch in Deutschland, Henry Ford in den USA, Simon Marks (von Marks & Spencer) in England, Gottlieb Duttweiler in der Schweiz und Konosuke Matsushita in Japan. Diese Unternehmer konnten mit diesem Anliegen auch ihre Mitarbeiter inspirieren, denn ihre Vision war die Vision aller.

Jetzt bricht wieder eine neue Zeit an, denn Wohlstand haben wir in den industrialisierten Ländern im Großen und Ganzen erreicht. Er hat zum Teil sogar zu Auswüchsen geführt, die wir nicht beibehalten können, da sie die Umwelt und uns selbst schädigen. Was ist nun das Thema, das folgt? Wir reden zwar vom „Postindustrialismus", von der „Dienstleistungsgesellschaft" und vom „Informationszeitalter", doch wo ist da die Vision, die die Menschheit weiterbringt? Was ist die neue Vision, zu der die Führer den Weg weisen sollen?

Ich glaube – mit vielen anderen –, dass das anbrechende Thema „Heilung, Ganzwerdung, Entfaltung" heißt. Und Unternehmen können und werden auch bei der Verwirklichung dieser Vision eine wichtige Rolle spielen.

Wir sind derzeit un-heil, so groß unsere Erfolge in der Technik und in der Wissenschaft auch sind. Es gibt viel Unheil. Die Wirtschaft wächst zwar noch (oder besser: sie stagniert sich langsam aufwärts und manchmal auch abwärts) und dadurch nimmt der äußere Glanz unseres Lebens in Form von aufwendigeren Gebäuden, hoch entwickelten Autos etc. weiter zu. Doch parallel dazu gibt es immer mehr Menschen, die an subdepressiven Verstimmungen leiden, gibt es mehr Krankheiten, mehr Kriminalität, mehr Ängste, gibt es mehr zu sanierende Altlasten und Umweltschäden, mehr Drogensüchtige, mehr Alkoholiker, mehr zerrüttete Familien, mehr resignierte und desinteressierte Langzeitarbeitslose. Es gibt weniger Initiative zur Veränderung, mehr ängstliches Beharren und eine geringere Fähigkeit, Wünsche aufzuschieben und Opfer zu bringen um einer besseren Zukunft willen. All das betrifft nicht nur Randgruppen der Gesellschaft, sondern „die neue Weinerlichkeit, die satte Mittelmäßigkeit", wie der Schweizer Unternehmer Robert J. Schläpfer schreibt, „hat längst den Managementlevel infiziert und verkuppelt sich dort mit Menschenbildern, die zu oft der eigenen Verklemmtheit und dem verödeten Innern entsprechen." Friedensreich Hundertwasser sagte in einem Interview: „Wir leben in einer phlegmatischen Zeit, sowohl politisch als auch kulturell und architektonisch." Und überhaupt, möchte ich anfügen. Unser Energieniveau – unsere Lebenskraft – nimmt ab, Werte werden weniger gelebt und geschaffen; beides bedingt sich gegenseitig. Der ganze Prozess geht so langsam, dass wir ihn kaum bemerken: jedes Jahr zwei Prozent mehr Analphabeten, ein Prozent mehr Scheidungen, drei Prozent mehr Tablettensüchtige. Diese Zahlen sind geschätzt, treffen aber in der Größenordnung zu. Selbst der tägliche Fernsehkonsum pro Person nimmt im Jahr 1999 immer noch zu. Die Veränderungen sind pro Jahr zu klein, als dass wir uns darüber aufregen. Langsam, aber sicher lassen wir uns selbst und unsere Mitmenschen degenerieren. Doch die Kosten dafür spürt inzwischen die Wirtschaft, spüren wir alle.

Im Keime existiert natürlich auch das Gegenteil: Eine größer werdende Zahl von Menschen beginnt bei sich selbst. Viele beginnen, mit den verschiedensten meditativen Methoden ihre Konzentration, Energie und Gelassenheit zu steigern, sich bewusst von destruktiven Gedanken und Gefühlen zu lösen, liebender zu werden, ihre Ängste abzulegen, intuitiver zu werden, ein tieferes Vertrauen in sich selbst und in das Leben zu entwickeln, mit wacheren Sinnen die Umgebung wahrzunehmen und aufzunehmen, den Moment zu genießen und nicht an das Morgen oder an das Gestern zu denken, in einem: eine *Spiritualität des Alltags* zu leben. Viele andere haben die verschiedensten Methoden entwickelt, um Menschen zu helfen, sich zu heilen, ganz zu werden und sich zu entfalten.

So zahlreich diese Keime bereits sind, sie reichen bei weitem noch nicht aus, um in unserer Gesellschaft und Wirtschaft Grundlegendes zu bewirken. Und hier setzt die Verantwortung der Wirtschaft ein. Unternehmen sollten ihren Mitarbeitern helfen, sich zu heilen und sich zu entfalten. Sie sollten ihnen Möglichkeiten bieten, ihre persönlichen Werte und Visionen und damit ihren persönlichen Sinn zu entdecken. Sie sollten ihnen eine Lebensphilosophie vermitteln. Sie sollten ihnen Wege aufzeigen, wie sie innerlich wachsen und ihre Lebensenergie revitalisieren können. All dies natürlich nur als Angebot für die Mitarbeiter, die das wollen.

Die Unternehmen selbst würden davon sehr profitieren. Denn jeder Mitarbeiter, der seine Werte und seine Vision entdeckt hat und sich seinem persönlichen Wachstum verpflichtet, wird zu einer stärkeren Energiequelle für das Unternehmen. Er verstärkt das kollektive Energiefeld des Unternehmens. Er wird seine Einzigartigkeit entfalten und damit einen Beitrag zur Einzigartigkeit des Unternehmens leisten.

Wenn die Führungsspitze das aufrichtige Anliegen hat, nicht nur ihren Kunden, sondern der Menschheit zu dienen, indem sie das innere Wachstum ihrer Mitarbeiter (und natürlich ihr eigenes) fördert, dann vermag sie diesen Mitarbeitern in höherem Maße noch Sinn zu vermitteln und sie zu inspirieren. „Wir stellen zwar Kleiderbügel her", könnte dann der Leiter des Unternehmens sagen, „doch es geht nicht in erster Linie um Kleiderbügel. Es geht um die Menschheit. Wir wollen in diesem Unternehmen möglichst viele Menschen wachsen lassen und wir wollen außergewöhnlich erfolgreich werden. Und dadurch wollen wir ein hell leuchtendes Vorbild sein für andere Unternehmen, die es uns dann nachmachen können. Unsere Art, zu sein und zu wachsen, das ist unser Produkt. Unser Wirkungskreis ist vielleicht klein, doch in ihm wollen wir etwas tun, was allen Menschen dient."

Dieses Buch handelt von Vision und es hat in allen vorherigen Kapiteln wahrscheinlich den Anschein vermittelt, dass Vision das Höchste ist, was es für ein Unternehmen gibt. Doch es gibt noch etwas darüber. Die Amerikaner nennen es „Purpose", was man mit „Sinn" oder „Zweck" übersetzen kann. Die Vision des Unternehmens ist eine Zukunftsvorstellung, durch die sein Sinn verwirklicht wird. Der Sinn scheint sozusagen in der Vision durch. Der eigentliche Sinn des Unternehmens ist mehr als die Vision und er lässt sich vom Sinn der Menschheit nicht trennen. Er besteht darin, den Weg der Menschheit zur Entfaltung ihres Bewusstseins zu fördern. „Dass das Leben seinen vollen Inhalt erhalte, das ist das eigentlich letzte und oberste Ziel unserer Migros-Gemeinschaft", schrieb der Migros-Gründer Gottlieb Duttweiler etwa zwei Jahre vor seinem Tod. Und damit traf er den Kern dessen, was ein Unternehmen sich als höchstes Ziel setzen sollte.

Literaturverzeichnis

Adams, John D. (Hrsg.): Transforming Work. A Collection of Organizational Transformation Readings, Alexandria VA 1984

Adams, John D. (Hrsg.): Transforming Leadership. From Vision to Results, Alexandria VA 1986

Agor, Weston H.: Intuitive Management, Englewood Cliffs 1984

Argyris, Chris: Overcoming Organizational Defenses, Boston 1990

Assagioli, Roberto: Psychosynthese, Reinbek 1993

Beckhard, Richard/Pritchard, Wendy: Changing the Essence, San Francisco 1992

Bennis, Warren: Führen lernen, Frankfurt/Main 1990

Bennis, Warren/Nanus, Burt: Führungskräfte. Die vier Schlüsselstrategien erfolgreichen Führens, Frankfurt/Main 1985

Berlew, David E.: Leadership and Organizational Excitement, in: California Management Review, Winter 1974, S. 34–43

Bohm, David: On Dialogue, unpubliziertes Manuskript, Ojai CA 1990

zur Bonsen, Matthias: Was ist Vision? in: gdi impuls, 4/1987, S. 49–59

zur Bonsen, Matthias: Mit Visionen an die Spitze, in: Frankfurter Allgemeine Zeitung, Beilage Management 2000, 11. Okt. 1988, S. B13

zur Bonsen, Matthias: Vision und Alignment: Das Unternehmen in Höchstform bringen, in: Gablers Magazin, 12/1990, S. 6–9

zur Bonsen, Matthias: Wer künftig am Markt neue Maßstäbe setzen will, braucht unbedingt eine Vision, in: Marketing Journal, 2/1991, S. 104–108

zur Bonsen, Matthias: Mehr Tempo durch Vision, in: Hirzel Leder & Partner (Hrsg.): Speed-Management, Wiesbaden 1992, S. 133–146

zur Bonsen, Matthias: Bilder, die sich tief in das Bewusstsein einprägen. Eine Unternehmensvision steht nicht auf dem Papier, in: Blick durch die Wirtschaft, 15. Jan. 1992, S. 7

Briggs, John: Dialogue as a Path towards Wholeness, in: Weisbord, Marvin (Hrsg.), Discovering Common Ground, San Francisco 1992, S. 111–124

Burns, James MacGregor: Leadership, New York 1978

Bürki, Walter: Evolutionäres Visions-Coaching, in: Sollmann, Ulrich/Heinze, Roderich (Hrsg.), Visionsmanagement, Zürich 1993

Campbell, Andrew et al.: Vision, Mission, Strategie, Frankfurt/Main 1992

LITERATUR

Clapp, Neale W.: Work Group Norms: Leverage for Organizational Change, unpubliziertes Manuskript, Plainfield NJ 1980

Csikszentmihalyi, Mihaly: Flow. Das Geheimnis des Glücks, Stuttgart 1992

Davis, Stanley M.: Transforming Organizations: The Key to Strategy Is Context, in: Organizational Dynamics, Winter 1982, S. 64–80

Diamond, John: Der Körper lügt nicht, Freiburg/Breisgau 1990

Duttweiler, Gottlieb: Überzeugungen und Einfälle, Zürich 1962

Dürckheim, Karlfried Graf: Zen und wir, Frankfurt/Main 1978

Dyer, William G.: Team Building, Reading MA 1987

Ebeling, Ingrid: Organisationale Transformation, unpubliziertes Manuskript, Hannover 1993

Enomiya-Lasalle, Hugo M.: Leben im neuen Bewusstsein, München 1986

Emery, Merrelyn: Searching: For New Directions, in New Ways for New Times, Canberra 1982

Foster, Steven/Little, Meredith: Vision Quest. Sinnsuche und Selbstheilung in der Wildnis, Braunschweig 1991

Fritz, Robert: The Path of Least Resistance, Salem MA 1984

Gawain, Shakti: Stell Dir vor. Kreativ visualisieren, Basel 1984

Gerken, Gerd/Luedecke, Gunther A.: Die unsichtbare Kraft des Managers. Die Bedeutung des Inner-Managements für den äußeren Erfolg, Düsseldorf 1988

Harrison, Roger: Harnessing Personal Energy: How Companies Can Inspire Employees, in: Organizational Dynamics 1987

Harrison, Roger: Working with Culture in Managing Organizational Change, unpubliziertes Manuskript, Mountain View CA 1990

Hawley, John A.: Reawakening the Spirit in Work. The Power of Dharmic Management, San Francisco 1993

Herrigel, Eugen: Zen in der Kunst des Bogenschießens, Bern 1951

Houston, Jean: Der mögliche Mensch, Reinbek 1987

Huxley, Aldous: Die ewige Philosophie, Zürich 1949

Kapleau, Philip: Die drei Pfeiler des Zen, Bern 1981

Kapleau, Philip: Zen. Dawn in the West, Garden City NY 1980

Kiefer, Charles F./Senge, Peter M.: Metanoic Organizations, in: Adams, John D. (Hrsg.), Transforming Work, Alexandria VA 1984, S. 69–84

Kiefer, Charles F./Stroh, Peter: A New Paradigm for Developing Organizations, in: Adams, John D. (Hrsg.): Transforming Work, Alexandria VA 1984, S. 171–184

Kiefer, Charles F.: Leadership in Metanoic Organizations, in: Adams, John D. (Hrsg.): Transforming Leadership. From Vision to Results, Alexandria VA, S. 185–197

Kilman, Ralph H. et al. (Hrsg.): Corporate Transformation, San Francisco 1988

King, Coretta S. (Hrsg.): Martin Luther King. Ausgewählte Texte, München 1985

Kouzes, James M./Posner, Barry Z.: The Leadership Challenge, San Francisco 1987

Lawler, Edward E. III: High-Involvement Management, San Francisco 1991

Leavitt, Harold J.: Corporate Pathfinders, Homewood IL 1986

Levy, Amir/Merry, Uri: Organizational Transformation, New York 1986

Lippit, Ronald: Future Before You Plan, in: NTL Managers Handbook, Arlington 1983

Loye, David: Gehirn, Geist und Vision, Basel 1986

Mann, Rudolf: Das visionäre Unternehmen, Wiesbaden 1990

Mann, Rudolf: Die fünfte Dimension in der Führung, Düsseldorf 1993

Masters, Robert/Houston, Jean: Fantasie-Reisen, München 1984

McNeil, Art: Die Kraft im Zentrum. Vision und Werte als Energiequellen im Unternehmen, Wiesbaden 1987

Mintzberg, Henry: Crafting Strategy, in: Harvard Business Review, July – August 1987, S. 66–75

Nanus, Burt: Visionary Leadership, San Francisco 1992

Ohmae, Kenichi: The Mind of the Strategist, New York 1982

Parker, Marjorie: Creating Shared Vision, Clarendon Hills IL 1990

Peters, Thomas J.: Mastering the Language of Management Systems, in: The McKinsey Quarterly, Spring 1981, S. 41–68

Prigogine, Ilya: Vom Sein zum Werden, München 1992

Pümpin, Cuno: Management strategischer Erfolgspositionen, Bern 1982

Quigeley, Joseph V.: Vision. How Leaders Develop It, Share It and Sustain It, New York 1993

Reddy, W. Brendan/Jamison, Kaleel (Hrsg.): Team Building, Alexandria VA 1988

Rowan, Roy: The Intuitive Manager, New York 1986

de Saint-Exupéry, Antoine: Die Stadt in der Wüste, Frankfurt/Main 1989

Schein, Edgar H.: Organizational Culture and Leadership, San Francisco 1985

Schläpfer, Robert J.: Das Unternehmen zur kreativen Gemeinschaft ausrüsten, in: io Management Zeitschrift, 4/1988, S. 169–173

LITERATUR

Senge, Peter M.: The Fifth Discipline, London 1992

Shandler, Michael: Leadership and the Art of Understanding Structure, in: Adams, John D. (Hrsg.), Transforming Leadership. From Vision to Results, Alexandria VA 1986, S. 123–132

Sollmann, Ulrich/Heinze, Roderich (Hrsg.): Visionsmanagement, Zürich 1993

Teilhard de Chardin, Pierre: Der Mensch im Kosmos, München 1959

Templeton, John Marks/Ellison, James: The Templeton Plan, Frankfurt/Main 1988

Tichy, Noel/Charan, Ram: Speed, Simplicity, Self-Confidence: An Interview with Jack Welch, in: Harvard Business Review, September/Oktober 1989, S. 112–120

Veltrop, Bill/Harrington, Karin: Creating a Culture of Continous Improvement. Planning and Leading Organization-Wide Metamorphosis, unpubliziertes Manuskript, Soquel CA 1989

Watzlawick, Paul: Die Möglichkeit des Andersseins. Zur Technik der therapeutischen Kommunikation, Bern/Stuttgart/Wien 1977

Weisbord, Marvin: Productive Workplaces, San Francisco 1987

Weisbord, Marvin (Hrsg.): Discovering Common Ground, San Francisco 1992

Wheatley, Margaret J.: Leadership and the New Science, San Francisco 1992

Williams, Arthur L.: Das Prinzip Gewinnen, München/Landsberg 1992

Register

A

Absichtserklärung 62
alignment 66–70
Ängste 14, 15, 48, 49, 82, 114
Anliegen 36–40, 62, 70
Annahmen 91–93
Appell 108
Augustinus 36

B

Bacon, Francis 144
Beckhard, Richard 142
Bedauern 77, 106, 118–119
Begeisterung 33
Bendlin, Kurt 27
Berichtswesen 138
Beurteilungssystem 137
Bewusstsein 19, 74, 76, 97, 132
Bilder 53, 101–104
– realistische 104
– symbolische 103
– überzeichnete 104
bildhafte Vorstellung 21
Bjørk, Tormod 126–134
Blockaden beseitigen 83–84
Bohm, David 86, 96, 97
Bosch, Robert 145
Briggs, John 96
Bürki, Walter 72
Burns, James MacGregor 35, 52

C

Cashcow 60
Chardin, Pierre Teilhard de 66–67
chemische Uhren 67
Churchill, Winston 107, 108
communio 66

D

Dialog 68, 78, 86–97
– Anleitung 92
– Nutzen 95–96
Diamond, John 26
Dimensionen 13
Diskussion 87–88, 91, 96
dominante Themen 144–145
dramatisieren 105–106
Duttweiler, Gottlieb 37–38, 46, 52, 57, 145, 147

E

Effizienz 41
Einfachheit 41, 122
Emery, Fred 111
Emery, Merrelyn 111
emotionale Begriffe 104–105
Energie 20–21, 22, 23–33, 83, 99
– entwickeln 26–28
Energieblockaden 68
Energiefeld 50
Energieniveau 26–27

Energievernichter 33
Entdeckungen 48
Entfaltung 145
Entscheidungskompetenzen 50
entspannter Zustand 18–19
Erfolge 11
Erfolgshindernisse 30
Ergebnisse 11, 133
– immaterielle 121–122
– materielle 121
Erkenntnisse 48, 134
Erwachsenen-Ich 99

F
Fantasiereise 75, 79
Fehler 108–109
Ford, Henry 145
Freiheit 100–101
Fritz, Robert 23
Führung 34–45
– transaktionale 35
– transformierende 35–36
Führungsaufgabe 109
Führungskräfte 24, 31, 37, 43, 49–50, 98–109
Führungsspitze 32, 50, 52, 119, 134, 135, 143, 146
Führungsteam 47, 59, 64–70
– als Organismus 65–70

G
Ganzwerdung 145
Garten-Seminare 130
Gefühle 56, 62, 92, 104–105, 106
– negative 56

Gegenwartsform 53
Gehaltserhöhung 24
Gemeinschaftsgefühl 116
Generalisierungen 94
Geschichten 101–102
Gewohnheiten 139–140
Glaube 27–28, 70
Gleichheit 94
Größe 13, 14
Gruppengeist 66–70, 96–97

H
„Handeln als ob" 85
Heilung 145
Herausforderung 16
Herrigel, Eugen 89
höhere Bedürfnisse 35
höherer Zweck 39
Houston, Jean 66
Hundertwasser, Friedensreich 145
Huxley, Aldous 65

I
Ideale 15, 36, 41–43, 45, 47, 51, 70, 105
Ideal-Normen 143
Ideen 22
Identität 91
Informationsfluss 137–138
Interessengruppen 112
Ist-Normen 143

J
Jobs, Steve 34
Jung, Carl Gustav 66

K

Karmøy Fabrikker   125–134
- Ergebnisse   133
- Erkenntnisse   134
- Visionsentwicklung   131
- Visionsformulierung   132
- Visionsumsetzung   132–133

Kennedy, John F.   35–36, 105, 108
King, Martin Luther   105, 144
Kohl, Helmut   57
kollektive Intelligenz   88
kollektives Bewusstsein   52, 66–67, 72, 86–87
Kompromisse   14
Konflikte   113
kreative Spannung   23–25, 74, 95
Krisen   123
kritische Faktoren   142
Kunden   30, 31, 33, 39, 42, 48, 51, 59, 60, 79, 141
Kundenorientierung   42, 141

L

langfristige Perspektive   49
Leadership   34–45
Leanmanagement   41
Lebensaufgabe   16, 74
Lebensenergie   26–28, 30–33, 44, 66, 70, 76, 146
Lebensperspektive vermitteln   43–44
Lebenssituation   18
Leitbilder   62
Leitidee   59–60
Leitmotiv   40
lernende Organisation   49

Liebe   42
Lied   70
Likert, Rensis   64
Lippitt, Ronald   111

M

Management   35
Managementkonferenz   127
Managementkultur   89
Managementmeeting   86–97
Mann, Rudolf   66
Marks, Simon   145
Matsushita, Konosuke   20, 37, 40, 145
McGregor, Douglas   64
Meditation   28, 69–70
Meinungen   91–93
- Hintergründe   93–94
Meisterschaft   14
Metaphern   57–58, 102–104, 126
Mindmap   117–118
Mintzberg, Henry   61
Misstrauen   32
Mitarbeiter   14, 24, 41, 42, 48, 49–51, 56, 62, 98–109, 143
Moderator   94
Motivation   49

N

Naturvölker   19–20
Neid   56
New Design Plants   136–137
Normen   139–143
- Ursachen   140–142
- verändern   142–143
Nutzen   51, 59, 79, 84

REGISTER

O
Offenheit 69, 80, 95, 106
Organisationsstruktur 136

P
Parker, Marjorie 125–134
persönliche Vision 78
Perspektive 73
Potenzial 12, 50
Präsentation 120, 129
Prigogine, Ilya 67
Pritchard, Wendy 142
Produkte 31
psychologische Ähnlichkeit 116

Q
Qualität 43, 140

R
Realität 14, 22, 23–25, 105–106, 113
– untersuchen 73–76
Reise in die Zukunft 18–20
Rückschläge 22

S
Saint-Exupéry, Antoine de 46, 64, 98, 102, 110, 135
Sander, Jil 60
Schläpfer, Robert J. 44, 71, 125, 145
Schweigen 19, 26, 69
Sculley, John 34
Sein 68
Selbstbild 24–25, 66
selbsterfüllende Prophezeiung 24, 69
Seminare 44
Service 33, 43, 141
Shainberg, David 96

Skepsis 107
Soll-Botschaft 62
Spencer, Herbert 23
Spiritualität 146
Stärken 76
Stolz 76, 118–119
Strategie 72
Strategieklausuren 61
strategische Planung 60
strategische Schlüsselthemen 112, 120
Streben nach Vollkommenheit 43
Strukturen
– immaterielle 135, 139–140
– materielle 135–138
– offene 135–138
– verdeckte 135, 139–140
Suggestivfragen 100
Symbole 75, 80

T
Tabus 93
Teamentwicklung 81
Teamprobleme 80–81
teilautonome Arbeitsgruppe 136
Templeton, John Marks 44
Thoreau, Henry David 11
Traditionen 106
Tsu, Sun 66

U
Unterbewusstsein 21, 85
Unternehmensenergie 29–33, 121
– entfalten 32–33
Unternehmenskultur 29, 121, 142
Unternehmensqualität 122
Unternehmensstrategie 59–61

Unternehmensthemen 53–54
Unternehmensumfeld 117–118
Unternehmensvision 51–56
Unternehmenszukunft 119–121
Ursymbole 103

V
Vertrauen 32, 69, 80, 95
Vision aufladen 20–21
Vision entdecken 18–20
Vision entwickeln 79–80
– im Team 71–85
– Vorbereitung 76–78
– Zeitplan 81–82
Vision vermitteln 98–109
– Fehler 108–109
– Regeln 100–108
Visionsfasten 20
Visionsmetaphern 57–58
Visionsprojekt 125–134
Visionstext 54
Visionszeitraum 55
Vitalität 19

W
Watson Jr., Thomas 29
Wege 61, 107

Weisbord, Marvin 111, 115, 136
Weiterbildung 133, 141
Welch, Jack 123
Weltbilder 25
Werte 40–43, 62, 106, 118
Wertsysteme 40
Wheatley, Margaret 50
Williams, Arthur L. 38, 44
Wilson, Larry 84
Wilson, Woodrow 35
Wollen 53
Wünsche 11, 12–13, 18, 47

Z
Zahlen 55
Zen 27, 86–97
Ziele 16–17, 49, 55, 59, 82, 84, 108, 111
– materielle 16
Zufälle 48
Zukunftskonferenz 110–124
– Ablauf 114
– bei Karmøy Fabrikker 127–130
– Entwicklungen 123–124
– Rückblick 116–117
– Themen 122–123
Zweifel 21, 27–28, 48